教师队伍建设：策略与实施

仇艺璇 ◎ 著

吉林出版集团股份有限公司

图书在版编目（CIP）数据

教师队伍建设：策略与实施 / 仇艺璇著. — 长春：吉林出版集团股份有限公司，2024.3
ISBN 978-7-5731-4695-3

Ⅰ.①教… Ⅱ.①仇… Ⅲ.①师资队伍建设－研究 Ⅳ.①G451.2

中国国家版本馆CIP数据核字（2024）第060395号

教师队伍建设：策略与实施
JIAOSHI DUIWU JIANSHE：CELÜE YU SHISHI

著　　者	仇艺璇
责任编辑	张继玲
封面设计	林　吉
开　　本	710mm×1000mm　　1/16
字　　数	180千
印　　张	13
版　　次	2024年3月第1版
印　　次	2024年3月第1次印刷
出版发行	吉林出版集团股份有限公司
电　　话	总编办：010-63109269
	发行部：010-63109269
印　　刷	廊坊市广阳区九洲印刷厂

ISBN 978-7-5731-4695-3　　　　　　　　　　　　　定价：78.00元

版权所有　侵权必究

前　言

近些年来，我国施行科教兴国战略和人才强国战略，其核心便是要通过培养高端技术人才和专家，实现国家复兴。在这个过程中，高等教育扮演着重要角色，承担着培养知识人才和技术研究的重要任务。而高等教育能否发挥应有的作用，其核心在于高校的教师队伍素质如何。因此，从我国的宏观战略出发，为推进社会经济快速发展，就必须重视高等学校的发展，特别是加强高校教师队伍的建设与管理。

我国现代高等教育的发展经历了借鉴、自主、融合的发展阶段，每一段历程都积累了宝贵的经验和财富。历史证明，凡是尊重人才、爱惜人才的时期，我国高等教育往往能够取得长足的发展。高校教师是高校人力资源的核心组成部分，肩负着人才培养、知识创新和社会服务等主要任务，既是高等教育领域的劳动者，也是国家关心、关注的对象。高校教师肩负着对大学生传道、授业、解惑的责任，是为国家培养人才的基层工作者。同时，高校还是知识传播、创新的主要阵地，高校教师则是知识传播、创新的中坚力量。而在社会服务方面，高校教师实际上承担起了高校与社会对接、融合的任务，成为高校履行社会责任的实践者。当前高校教师已然成为人才培养、知识创新和社会服务的主力军，对高校教师的管理、发展，我们必须给予足够关注。

本书在成书过程中吸纳了专家学者的理论研究成果，在此，表示真诚的谢意。

仇艺璇

2024 年 1 月

目 录

第一章　我国高校师资建设研究 ························· 1
第一节　我国高校人才培养与师资建设 ··················· 2
第二节　我国高校师资建设的现状及原因分析 ··············· 9
第三节　我国高校师资建设的有效路径 ··················· 17

第二章　高校师资队伍建设方向 ························· 50
第一节　高等院校学术带头人的培养 ···················· 50
第二节　高等院校青年教师队伍建设 ···················· 58
第三节　高等院校师德教风建设 ······················· 64

第三章　教师队伍的自身建设 ··························· 72
第一节　教师角色定位的理论认同 ······················ 72
第二节　教师使命的内涵及特征 ······················· 82
第三节　教师师德建设 ····························· 89

第四章　教师队伍的课程能力建设 ······················ 106
第一节　高校课程建设 ···························· 106
第二节　高校课程建设标准 ························· 124

第五章　现代化教师队伍建设策略 ······················ 133
第一节　树立"以人为本"的人本管理思想 ··············· 134
第二节　建立产学研战略联盟 ······················· 144
第三节　构建国际化培养模式 ······················· 159

第六章　教师队伍建设管理实施路径 ……………………………………… 171
　　第一节　高校教师队伍建设管理的基本原则 ………………………… 171
　　第二节　强化现代师资管理模式的基本内容 ………………………… 175
　　第三节　发挥政府对高校教师人力资源开发统筹主导作用 ………… 179
参考文献 ……………………………………………………………………… 200

第一章 我国高校师资建设研究

高校的根本任务是培养人才。今天培养的人才，将是未来我国经济腾飞的中坚力量。能否培养出一批又一批优秀人才去实现这一目标，师资队伍素质至关重要。师资队伍建设是高校建设中一项具有战略地位的紧迫任务，它对于创建世界一流大学，加快经济建设步伐，实现"科教兴国"，具有十分重要的意义。

加快师资队伍建设，提高教师素质，是时代提出的要求。同时，我国高校的现状也对加强师资建设提出了迫切的要求。

首先，社会的进步，经济的发展，对人才的规格和质量提出了新的要求，也为高校的发展带来了前所未有的机遇。高校在招生、毕业就业、教学和科研等方面按市场经济模式进行，因此人才在进入市场之前必须在数量、质量的诸多分解指标中达到市场的基本要求。事实上这种需求是千差万别的。同样，作为人才，也要既拥有社会主义市场经济下现代人才所具有的一般标准，更要有自身的特色，以满足特殊市场对人才的特殊偏好。这种从总体上既要求人才成为"通才"又成为"专才"的特点，是现代市场经济对人才的一项基本要求。

其次，目前高校中，学术水平好、教学经验多的高水平的学科带头人数量不足，教师的学历结构、年龄结构有待进一步改善，尤其是青年教师的学术水平、教学水平需进一步加强，这些情况都迫使高校必须加强师资队伍建设，提高教师素质，培养一批优秀教师。

最后，传统教育向现代教育、应试教育向素质教育、创新教育的转变，对高校教师的整体素质提出了新的要求，高校迫切需要培养一支全新的、高素质的教师队伍。

因此，在高校的各项建设中，师资队伍建设成为根本，且尤其重要，人才竞争的实质是师资队伍的竞争。不懂市场、不适应市场的师资队伍必然造成人才的滞销，造成人才培养与市场需求的脱节。所以高校一定要抓住师资队伍建设，要最大限度地发挥教师的积极性和创造性。只有这样，高校才能在激烈的竞争中立于不败之地。

第一节　我国高校人才培养与师资建设

从高等院校走出去的学生，是否具备过硬的专业技能，是否适合社会的需要，这些都取决于高校的师资队伍是否有能力培养合格的人才来适应社会发展。虽然高等院校具备培养高级人才所需要的一切硬件设备（包括实验设备、教学大纲、教学计划、社会实习机会）等，这些都是培养高级人才必不可少的条件，但这些条件要发挥作用，都有一个必不可少的前提——需要一批高素质的专业师资队伍。没有师资队伍，其他条件都会成为空谈。从教育者与被教育者的关系来看，被教育者依附于教育者。因此，从这个层面来说，教育者的素质、专业化水平，就直接与被教育者所能获得的知识相关。也就是说，教育者的素质直接影响被教育者的素质，所以，高校师资队伍的建设，关系到培养的人才是否适合经济发展、科技进步的要求。

一、创新人才培养与高校师资建设

高素质的师资队伍既是一所大学核心竞争力的主要特征，也是培养创新人才的关键所在。因此，面对经济、社会和科技发展的新形势，借鉴国外大学人才培养的新经验，着力培养创新人才已成为高校教师共同思考并必须认真解决的重要课题。

（一）创新人才的内涵及特征

创新人才指的是具有创新意识、创新精神、创新思维、创新能力，并能够取得创新成果的专业人员，他们通常具有以下主要特征。

1. 知识结构多元

创新人才通常拥有丰富的科学知识，多元的知识结构，厚实的人文功底和扎实的科学文化素养。其知识由直接知识和间接知识两部分综合组成，而间接知识大多来自教育，特别是在学校里接受教师的系统知识传授。学生在老师的指导下从事学习、交流、体验、探索和研究等活动，不断地发现并获取新知，并且拓宽、完善并优化自身的知识结构，其探索新知的能力会不断提高。

2. 思维活跃敏捷

顺向思维、逆向思维、发散思维、聚合思维等多种思维灵活运用，通常是创新人才的基本特征之一。基于创造性思维的多向性，可从多种角度提出各种设想、多种方案，深入探索和研究，并使思维摆脱时空的限制，驰骋于无边无际的思维天地，直到取得突破性进展。

3. 质疑克难求是

勇于质疑克难，有善于和敢于挑战权威的勇气，是创新人才重要的素质。同时，创新人才具有"吾爱吾师，吾更爱真理"的价值取向，"不唯书、不唯上，只唯实"的求实精神，不迷信权威、超越前人的理论勇气，对现有的理论、学说和权威，不是简单地接受和信奉，而是秉持研究的态度，由质疑进而求异，善于另辟蹊径，勇于创立新说。

4. 探索执着坚定

创新活动具有强烈的目的性。只有不知疲倦地忘我工作，在困难面前表现出坚忍不拔的毅力和勇气，在失败时表现出不屈不挠的精神，一丝不苟、孜孜不倦、持之以恒，才能把创新活动进行到底。

（二）创新人才培养需要实施创新教育

科学文化素养是比知识、能力更基本、更深刻、更持久并直接影响和作用于人的意识、思考、判断、发现和发明创造的重要素质。根据认识学原理，人的创新意识、创新思维和创新品格构成基本的创新素质。从某种意义上讲，创新素质优良的人才能够在创造性活动中发挥创新潜能，展示创新能力，获取其创新成绩。从教育学原理可知，人的素质在很大程度上是通过学习和教育获得，并随着学习的深入、接受教育程度的提高而不断提升。

创新教育是以培养人的创新意识、创新精神与创新能力为基本价值取向的教育理念，其实质是遵循人的创新活动规律及创新素质的培养规律，通过系统的教育与训练，培养出具有创新品格及创新能力的人才。创新教育的基础是培养科学文化素养，重点是培养创新意识，关键是发展被教育者的个性。培养人丰富多彩的个性，促进其个性充分、自由、和谐发展，是当代教育的重要价值取向。要建设创新型国家，需要大批高素质创新型人才。因此，必须注重人的全面素质培育，大力实施创新教育。

（三）提高教师培养创新人才能力的基本途径

培养学生的创新能力，必须要有一支创新型教师队伍。目前，高校教师要提高培养创新人才的能力，应重点做好以下五个方面的工作。

1. 确立"以学生为本"的理念

以学生为本的教育理念明确了学校与学生的关系，更加关注学生的权利，同时也指出了学校教学改革的目的在于不断完善人才培养模式，不断为学生成人、成长和成才服务。"以人为本"的教育价值观把能否满足人的发展需求作为判断教育价值观的唯一标准,最大限度地使人的潜能得到发展。"以人为本"的教育价值观念是一种进步、一种发展。同时,教师要主动学习现代教育理论,不断增强教育学、心理学、教育技术学等方面的知识,提高自身对人才成长规律,特别是对创新型人才成长规律的理解和把握。

2. 实施"研究性教学"

研究性教学是一种教学模式或教学理念,需要教师研究性地"教"、学生研究性地"学"。教师应从主动改变教学方法开始,努力实现从知识传授型向"研究性教学"转变。首先,教师要主动将本领域最新的研究成果和技术引入教学中,将学生带入学科前沿。其次,要强调学生学习的主体作用,注重发挥学生学习的主动性,使教学活动变成"学生的发展过程"。最后,加强教学过程中教师和学生间的相互交流和互动,教学生学会学习,学会创造。

3. 建立平等的师生关系

创新型人才的培养需要平等和谐的师生关系。信息技术的快速发展,要求教师改革教学方法,使课堂成为智慧碰撞的焦点,鼓励学生大胆地提出问题,积极地思考问题,灵活地解决问题,以促进学生创新能力提高。

4. 倡导师生合作探索与研究

教师要主动将本学科领域的技术发展及成果引入课堂,促进学生独立思考。对有能力的学生,可根据其兴趣选择一些课题,与教师一起开展合作探索。在共同研究中,学生可不断获得较前沿的新知识和新技术,而且能够得到初步的科研能力的训练,为今后的发展奠定坚实基础。

5. 重构教学评价体系及方法

要积极研究并构建出着重考核学生科学精神、创新意识和创新能力的教学评价新体系，探索与其相适应的考核新方法，切实体现"知识与能力并重，理论与实践结合，重点测试学生理解、掌握和灵活运用所学知识进行实践创新的能力"①的教学要求。具有创新精神和能力的教师是培养创新人才的根本保证。高校教师必须不断改进和提高自身素质，不断提高教学能力和科研水平，努力使自己成为优秀教师，成为学科带头人，成为教学名师，为培养出大批高素质创新人才，实现创新型国家宏伟目标作出更大的贡献。

二、应用型人才培养与高校师资建设

当前我国正处于全面深化改革和产业经济转型升级的关键阶段，加快应用型人才的培养已经成为高等教育的重要使命，而加强高校师资队伍建设、提升教师职业教育能力则是高校完成这一使命的重心所在。

（一）扩大应用型人才培养规模已成定局

加快应用型人才培养已经成为我国高等教育发展的新方向。国务院2014年5月印发的《关于加快发展现代职业教育的决定》（以下简称《决定》），从职业教育的角度明确了高等教育的发展战略，要求高校为生产服务一线培养更多的应用型技术技能人才，以适应技术进步、生产方式变革以及社会公共服务的需要，并明确提出了"高等职业教育规模占高等教育的一半以上"的发展目标。事实上，应用型人才培养和职业教育是同一种教育类型的两种不同提法。以培养应用型人才为目标的现代职业教育，较之于其他教育类型的突出特点在于培养多样化人才、传承技术和技能、促进就业和创业，具体表现为"五个对接"：专业设置与产业需求对接、课程内容与职业标准对接、教学过程与生产过程对接、毕业证书与职业资格证书对接、职业教育与终身学习对接。

与经济比较发达、国际竞争力较强的国家相比，我国的教育结构在与经济

---

① 黄裕花，董晓. 教师文化素养与师资队伍建设[M]. 长春：吉林文史出版社，2021.

结构、产业结构相适应方面的差距相当明显，以职业教育占中等、高等、研究生阶段教育的比重为例，发达国家的比重均在70%左右，而我国的比重分别为44.5%、39.5%和30%。①显然，调整高校研究生阶段的教育结构更为迫切。

根据《决定》中"专科高等职业院校不升格为或并入本科高等学校"的原则，教育部开始着手试点，引导普通本科高等学校向应用技术类高等学校转型。截止到2014年，已经有130多所高校提出了转型的试点申请，教育部表示对转型学校的类型没有限制，可以是新建学校也可以是办学历史非常悠久的学校。如果"211""985"高校符合转型条件，愿意转型，也可以进行转型。转型可以是学校的所有专业都调整，也可以是其中一部分专业转型。此外，有关本科职业教育、研究生职业教育的政策也正在制定之中。教育部的这些举措表明，加快应用型人才培养的高等教育发展战略开始进入实施阶段，为社会培养更多的应用型人才正在变成普通高等院校、重点高等院校的共同职责。为此，不少重点大学也对培养目标进行了调整，比如中央财经大学正在落实财经应用型创新人才培养标准的制定工作。

（二）加强高校师资队伍建设势在必行

高校转型的根本目的是满足经济社会发展的需求，培养出更多符合经济发展需求、能为社会作出贡献的应用型人才。作为技术含量较高的教育类型，应用型人才培养对高校教师队伍提出了新的要求，教师的专业应该与产业对口，需要掌握相关的职业标准，还要懂得相应的生产过程，教师既要有专业的理论基础，又要有产业的实践经验。在某种意义上，高校能否顺利实现从学术型向应用型的转变，教师队伍建设至关重要，没有一支与应用型人才培养要求相匹配的教师队伍，高校就难以完成转型的重任，应用型人才培养也就成为一句空话。对照应用型人才培养的要求，目前的高校教师队伍主要存在两个问题：一是结构失调，二是能力欠缺。

---

① 黄裕花，董晓. 教师文化素养与师资队伍建设[M]. 长春：吉林文史出版社，2021.

1. 结构失调

国家对高等院校"双师型"教师比例的合格要求为50%，但实际上差距却很大。在全国高等院校专任教师中，"双师型"的比重仅为25.5%。对北京市高校职业教育教学检查结果显示，平均获得职业技术资格证书的教师只有25.17%，曾下厂实践的教师仅占23.9%。[①] 教育部对普通高校没有类似的要求，所以其"双师型"教师比例肯定会明显低于重点高校院校，多数教师都缺乏生产服务一线的实践经验和应用能力。高校教师结构的状况，显然对加快应用型人才培养存在着负面影响。

2. 能力欠缺

不同地区、不同类型、不同角度的高校教师教育能力调查结果显示，许多教师在知识结构、教育理论、教学实践、课题研究、信息技术应用等方面的表现不尽如人意。如江苏和山东两省15所高校（3所"985"、4所"211"、8所普通本科）的相关调查表明，在10个学科近600位45岁以下的教师中，知识结构因素的掌握程度为"一般""较弱""缺乏"累计。比重在三成左右的包括"一般教育教学理论知识"（35.3%）、"教育情境的知识"（35.3%）、"学生的知识"（32%）、"教育信念的知识"（27.9%）等；在北京理工大学组织的教师课堂教学能力调查中，抽样均值在3上下的调查项目（其中最高值为5，最低值为1）包括：双语教学（3.33）、网络教学普及（3.28）、教学内容创新（3.17）、教学评价重视程度（3.09）、科研成果转化（3.01）、小组合作普及（2.99）、实践教学环节（2.88）、对学生个体的认知程度（2.51）、教学评价使用程度（2.49）；在第四军医大学组织的有全国21所高校1800余人参与的教师技术能力调查中，对教学环境设计精通的教师比重只有10.1%，从来没有参与过教学辅助课件开发的地方高校教师的比重达到73.6%。超过六成的初、中级职称教师在调整教

---

① 黄裕花，董晓. 教师文化素养与师资队伍建设 [M]. 长春：吉林文史出版社，2021.

学策略、探索教学模式、参与教育技术课题研究方面无所作为。[①] 以上为高校教师能力的现实数据，显然难以适应加快应用型人才培养的迫切要求。

第二节　我国高校师资建设的现状及原因分析

伴随着科技的发展，人类社会已经进入知识经济的时代，在这个崭新的时代，知识创新成为时代的主旋律，而高校的教育就是这个时代的基石。在我国科教兴国战略总布局形势中，高校的教育，理所当然地要承担起时代赋予的历史重任，而人才的培养，教育的发展，始终离不开高校师资力量的发展。面向21世纪，培养能承担历史重任的接班人，稳步推进高校的师资力量面向世界、面向未来，这个具有战略性意义的历史课题摆在了我们面前。

我们同时也要看到，从总体上说，高校教师人数、质量仍不满足要求。一方面尚缺至少30万合格高校教师，另一方面新教师占教师总数近半，整体水平有待提高。高校师资队伍建设还远远不能适应高等教育改革发展的要求，仍面临着一系列的矛盾和困难，存在着一些根本性问题，亟待进一步研究和解决。主要表现在以下几个方面。

一、师资队伍建设存在的问题

（一）教师队伍的道德素养有待提高

高校教师不仅要有过硬的专业素质，更为关键的是要有较高的思想道德素养，因为教师的任务已经不仅仅是简单地为学生授业解惑，更重要的是还得对学生进行思想道德培育，使他们不仅在能力上，而且在思想上能成为一名合格的人才。因此，怎样提升高校教师的道德素养也将是个难点，所以在以后相当

---

① 引自黄裕花，董晓. 教师文化素养与师资队伍建设[M]. 长春: 吉林文史出版社, 2021.

长的时间内，我们必须在加强师德教育和监督体制上下功夫，只有德高望重的教师才能培养出德才兼备的学生。

（二）师资队伍结构尚不够合理

这主要表现在如下几个方面。

1.高校教师的年龄构成不合理

在高校教师队伍中具有高级职称的教师已出现高龄化现象，这也导致一大批的科研领头人即将离开自己的工作岗位，退出教师队伍，而高校中的年轻教师，尚未成长起来，没能跟上步伐，所以，相当一部分的高校急需充实教师队伍，并帮助年轻教师尽快成长起来，承担责任，成为学术的领头人。

2.教师的职称构成不合理

在我国高校存在这样一种现象，具有高级职称的优秀人才、学术精英相对缺乏，他们所占总人数的比例偏低，而具有初、中级职称或未评职称的高校教师所占比重过大。这种缺乏学术带头人，学术后备力量不足的情况将严重阻碍我国高校人才教育和科研水平的提高。

3.高校教师的学历水平也不尽合理

在我国某些高校，具有博士学位的教师人数比重明显偏小，而且全国范围内只有部分重点院校具备吸引博士生的条件，大部分的普通院校还是以吸收研究生为主。

（三）高校教师队伍的专业水平参差不齐

近年来，伴随着高考人数的逐年增加，我国高校的招生人数也在不断地上涨，学生数量的激增，导致了高校教师人数的相对不足。为了化解这一难题，我国高校也不断地从不同的途径招收人才充实现有的教师队伍。新招收的教师，有的是刚走出校门的大学生，有的是任职其他院校的教师，有的是高薪引进的海归博士，有的是返聘的德高望重的老教授。招收的来源不尽相同，他们的教学水平必定大相径庭。刚毕业的大学生教师由于教学经验的缺乏，在实际的教学工作中肯定无法做到旁征博引，必然导致理论与实践的脱节。其他院校转聘的教师具有丰富的教学实践经验，但是由于不同院校具备不同的专业特色，这也导致在任职的初期这些教师有可能无法把握专业教学的重点。海归人士眼界比较开阔，也能专注于此专业国内外研究的难点和热点，并且他们在双语教学中占据明显优势，但是他们也有自己的缺点，他们可能会按照国外的教学方法和教学理念去理解学生，这就有可能导致师生间的沟通障碍。此外，在本学校原有的教师队伍中，也存在部分教师知识结构单一、知识构成不完善的情况。并且明显缺乏进取意识，所有的这一切，表明我国高校教师队伍业务水平亟须提高。

（四）师资管理不到位

师资管理不到位主要表现在如下四个方面。

1. 我国高校的师资管理理念还很落后

目前，我国高校的人事制度虽然进行了一定程度的改革，但是高校的师资管理却并没有形成"以人为本，以教师为本"的现代高校人力资源管理理念。长久以来，我国高校师资管理强调的是"进、管、出"，对高校教师的选拔、培训、考核制度尚不完善，在具体的管理过程中具有相当的主观随意性，这种师资管理方式严重打击了高校教师的积极性、创造性和主动性。

2. 评估制度缺乏科学性

科学合理的学术评估制度是保持高校学术水平的重要措施，但在我国高校对教师的学术评估机制中，却存在着过度量化的现象，刻板而缺乏活力的量化、细化指标，使高校教师为了科研数量而疲于奔命。

3. 高校教师的聘任制尚未真正落实

高校教师的聘任制对于突破传统的教育管理体制、调动高校教师的积极性、主动性，改变职称终身制，具有重要的积极作用。但是在现实的落实过程中，只是流于表面，没有真正落实。在实际操作过程中，往往只是重评轻聘，只要高校教师获得了相应的职称，他就会被聘为相应的职务，获得相对应的报酬，没有真正做到评聘分开，从而导致了职称评定后，聘任制的虚化。这样一来，肯定会影响高校教师的积极性、主动性。

4. 高校之间的人才流动机制尚处于无序状态

现阶段，我国高校教师队伍运行仍处于相对封闭的状态，这就导致人员的相对固化，缺乏流通，高校紧缺的教师往往无法进入，需要出去的教师也无法出去。学校很容易就造成机构臃肿，教师之间也缺乏竞争力，安于现状，不利于学科之间的交叉，也不利于公平合理的竞争机制的形成。长此以往，最终必会导致整个教师队伍水平的下降。

（五）高校教师人才流失严重

高校教师的流失问题在发达地区和一些重点高校有所缓解，但是就全国大部分地区而言，高校教师人才流失问题不仅没有得到妥善解决，反而有愈演愈烈的趋势。这种人才的流失表现在两个方面：一方面是显性的流失，由于高校教师收入水平总体偏低，收入的反差使高校教师进退失措，经济层面的限制，更是导致高校教师在大众认可度上的落差。另一方面是隐性的流失，一些精力旺盛、动手能力强、科研能力突出的高校教师，由于待遇低，发展空间狭窄而把主要精力放在第二职业上，从而间接影响了本职工作。这些显性和隐性的人才流失，都在很大程度上降低了高校教师队伍的建设。

此外，教学和科研的结合也存在很大问题。当今高校教师的任务与以往相比有了很大的改变，高校对教师的要求更加全面、严格，高校教师在完成自己本职的教学任务的同时还有一定的科研量。这对很多高校教师来说，是一个严峻的挑战。这就要求高校教师不仅要有过硬的教学能力，还必须具备一定的科研能力。在我国的教师队伍中存在着这么一种"二律背反"的现象，有的教师具备很强的专业知识，而且能够把自己的专业知识很好地传授给自己的学生，但是在科研方面就相对欠缺。而另外一部分教师科研能力突出，但语言及沟通能力不足，导致其无法准确及时地把自己掌握的知识很好地传授给学生，这两者看起来无法兼容，当今的社会要求高校教师能很好地兼顾教学与科研工作，两个方面的发展缺一不可。因此，如何更好地实现高校教师教学与科研工作的有机结合，是我国高校师资建设面临的又一重大问题。

二、制约师资建设的主要原因

通过上面的分析，我们了解到师资队伍建设中存在的问题。那么，这些问题产生的根源是什么？又是哪些因素在制约着我国高校师资队伍的建设呢？

（一）高校师资人才面临社会的巨大竞争

我国的人力资源虽然在总量上在国际上很有竞争力，但是由于财力和教育力量有限，我国在人力资源上面临着一个问题：人力资源丰富，但是具备高素质的人才却很匮乏。所以，我国现在亟须把丰富的人力资源转化为高素质的人才，建设真正的人力资源强国。

"科教兴国"提出至今，"尊重知识，尊重人才"成为人才培养的重要口号，我国高校教师的社会地位和实际收入有了极大提高。但是由于我国经济发展区域间的不平衡以及不同的职业间收入的差距，高校教师自主向高薪行业和外资企业流动，造成了大量的人才流失。

另外，新形势下高校人才竞争的无序化状态，严重影响了我国高校师资队伍的发展。在全球化的趋势下，我国一方面出现人才严重匮乏的状况。另一方面，伴随着人才的严重不足，而人才竞争的保障机制缺乏；人才竞争往往以高物质回报承诺为前提。这种承诺加剧了人才受利益驱动，更加地追求更高的收入、更高的生活条件。这种无序的状态无疑导致了人才竞争的恶性化循环，高校的师资队伍建设需要的人才也就更加缺乏。另外，受我国经济等客观因素和现有收入分配机制的制约，引进高精尖人才所需的薪酬，相对于高薪企业提升缓慢，个体相对于群体的优势不能充分发挥，造成人才相对集中的地方对人才匮乏地方的吸引力进一步加强，大量的人才从人才贫瘠的地区向人才集中的地区涌入。所以，面对人才竞争的国际化趋势，我国需要通过制度创新，建立规范有序的人才交流制度，从而营造有序良好的工作环境。

（二）高校管理理念和管理制度存在问题

1. 管理理念的落后

一流的师资队伍建设需要一流的师资管理，一流的师资管理离不开一流的师资管理理念。管理者应该走出去，开阔眼界，走在世界的前列，而不是被动地接受改变。因此，管理者应该更新管理理念，以建设一支适应社会主义市场经济，具备高素质、高效率的师资队伍为目标。我国高校管理理念的落后表现在如下两个方面。

（1）人力资源管理理念淡薄

高校的师资队伍建设本就是高校建设的重要任务，是高校发展的重中之重，高校应该本着"以人为本"，用现代化的人力资源管理理念，不断推进高校的师资队伍建设。我国高校的师资队伍建设长期以来坚持人事管理制度，特别强调的是对于人才的"管"，选择性地忽视了人才自身积极性与主动性的开发。现代人力资源管理理念告诉我们，人才是最宝贵的资源，是最具有升值空间的财富，只有充分调动个人的积极性主动性，充分重视人力资源的发挥，才能实现真正有效率的发展。因此，如何调动高校教师的积极性、主动性，如何加强教师的培训，是我国高校管理者应该着重考虑的问题。

（2）缺乏师资开发观念

师资队伍作为高校管理建设的重点，理应加强队伍建设的力度与创新。而要加强师资队伍建设的力度就需要对师资队伍建设的内容和培训做出具体的规定，并形成一定的制度。当下已经进入知识经济时代，教育也变成终身的事业，所以对高校教师的培训也应是终身制的。高校的管理者应该结合现实情况，充分开发人才，真正做到人尽其才。

2. 管理制度的不完善

师资管理过于死板，高校教师的聘任应该根据需要面向世界、面向社会。对师资队伍的灵活管理还应该允许高校教师在科研、教学、管理、开发等岗位换岗，要通过"产学研"的结合，给予高校教师实际锻炼的机会。

当前，我国高校的管理制度不能真正适应市场经济的发展要求，没有彻底建立优胜劣汰的竞争机制。知识经济时代的高等教育相对于传统或者工业时代的高等教育已经发生了革命性的变革。为了适应高等教育产业化、整合化、普及化的要求，高等教育面临着相当复杂的局面，既要进行学术研究，还要从事现实的实践，需要将知识与社会相结合，将科技转化为现实的生产力，实现其经济效益、社会效益。但是目前我国教师队伍却缺乏竞争观念、法治观念。对于高校教师来说，职称在我国是衡量大学教师科研水平与学术水平的重要标志，但是在现实的执行情况中，却出现了许多偏差，在职称的评定过程中，出现重论文数量却忽视质量的情况，参评者为满足评审所要求的条件，只是凑齐所需要的数量而不注重其质量。因此，职称管理制度需要变革创新。在人才的评价上，缺乏科学合理的评审制度。我国高校花费了大量的财力、物力引进了一大批的人才，这些人才在高校的教学与科研工作中，确实作出了极大的贡献，很多已经成为学科的领头人，但是学校自有人才的培养却投入较少，待遇方面与引进人才也有很大区别，因此，面对缺乏合理科学的人才评价机制问题，需要进一步改革。

（三）师资队伍建设投入的相对不足

高校的建设各个方面必须协调发展，师资队伍建设的投入必须跟上步伐，没有一流的教师队伍，再高的大楼也造就不了一流的大学。因此，政府应该把师资队伍建设投入放在重要地位。加大对人才的培养、师资的培养，使我国的教师队伍不仅具备高精尖的专业知识，还具有十分深厚的文化底蕴。改革开放以来，我国政府已经注重这个问题，加大了对教师队伍建设的投入，但是相对于其他投入，还是略显力度不够。这些投入的不足，直接造成我国高校师资建设水平提高缓慢。此外，高校教师的工作条件相对较差，很多高校缺乏教师交流、备课的地方，不利于教师的取长补短。有的没有实验室，或者实验室设备不足，不利于科研工作的进行，这些都在一定程度上制约了高校教师积极性的发挥。

教师队伍建设的投入不足，不仅要求政府加大高校教师队伍投入，还应该包括社会的投入。社会的投入在高校教师建设中理应发挥着更为重要的作用，全社会应该树立"尊师重教"的风气，整合社会资源并源源不断地为教师队伍建设提供动力，才能真正实现教师队伍建设的跨越式发展。政府和社会都真正重视高校教师队伍的建设，相信不久的将来我国必将建设出一支具备高水平的专业技能、又具备高尚师德风尚的高校师资队伍。

（四）教师队伍收入水平不高

高校教师从事着世界上最高级的脑力劳动，他们承担着教书育人的使命。科技的发展、知识的更新首先反映到教师队伍身上，他们的工作，理论上应该获得更高的收入与回报，但是实际的情况却相反，高校教师收入水平相对于其他行业，并不是很高。由于经济发展的不平衡和其他一些现实因素影响，高校教师的收入水平还呈现分布不均、差距明显的状况。教师的收入水平不仅是影响教师生活水平的重要因素，也是影响师资队伍素质提高的因素之一，因此，国家理应重视教师队伍收入的提升。

第三节　我国高校师资建设的有效路径

大学的成功关键不在于其教学楼有多少，教学设施有多先进，关键在于教师。拥有道德情操高尚、知识渊博、耐心热情、积极进取的教师，才是大学能够成功的根本。

一、国内外高校师资队伍建设经验

（一）国内高校师资队伍建设与管理先进经验借鉴

1. 北京大学经验借鉴

2003年，北京大学在几经修改方案之后实施了教师人事制度改革，此举虽然不是我国高校在师资队伍绩效管理模式改革方面的"破冰之举"，但是由于北京大学在我国高校中地位显著，影响力非常之大，在全社会引发了广泛的讨论。北京大学的目的是尽快建设成世界一流大学，从而加快国际化的进程，所以在此次改革中的很多方面都借鉴了西方一流大学的先进经验。

首先，这次改革最主要的一点是引入了"聘任制和分级流动制""末位淘汰制"等方法来更加合理地、现代化地在学校内配置现有教师人力资源。其中"聘任制和分级流动制"在实施过程中，全校所有的讲师和副教授都要与学校签订定期合同，每个人在自身的合同期内只允许有两次申请晋升的机会。如果连续两次都无法获得晋升，那么学校将不再与之续约。如果副教授获得晋升成为教授，将获得长期的职位（类似于美国的终身教授职位）。此外，"末位淘汰制"是针对学校内部的教学科研单位。如果某单位在一定时期内在科研和教学中持续表现不佳，学校则有权力对这一单位采取限期整改、重组或解散的措施。如果某一单位被解散，那么该单位所有的教师，无论有无长期职位都将被中断合同，学校将对每个人进行个体评估，依据评估结果来决定是否重新聘任。

其次，北京大学在此次改革中确立了此后学校在招聘和晋升的过程中将引入外部竞争机制，这将大大减小内部晋升的比例，但是原则上不允许本校的毕业生在学校任职。所有的招聘和晋升都将面向全社会公开信息，全面引入外部竞争机制，广纳贤士，为学校引入最好的人才。不允许本校毕业生在学校直接任教，是为了避免学术上的"近亲繁殖"，这也是我国高校的一个通病，严重阻碍了学术上的自由和创新，此举旨在避免"家族式大学"的情况出现。

最后，此次改革中，北京大学在今后的招聘和晋升中将引入"教授会评议制"。此举将"教授治校"这一理念带入了校园，这与我国教育体制中多年来的行政管理体系形成了鲜明对比。在西方的一些大学里，教授有权力在有关教学科研的事务中作决策，从教学计划的制订、科研经费的分配到学校的发展战略，教授都参与决策。"教授治校"是因为教授是学术精英，在大学教育方面都是专家，这对一所大学的发展大有益处，这也是北京大学放眼世界、走向国际化的一个标志。

2. 中南大学经验借鉴

近年来，中南大学以人员编制分类管理改革为切入点，着力构建科学合理的高校人力资源管理模式，不断深化人事制度改革，取得了积极进展。

（1）改革引进和培养机制，整体提升师资队伍水平

第一，完善引进教学科研人员的录用标准。学校以"优中选优"为原则，以拟引进教学科研人员的发展潜力与科研水平为考察重点。为了优化学校的学

员结构，在招聘中提升海归博士和非本校毕业博士的招聘比例，明确规定新进教师中海归博士生不得低于50%。

第二，建立以引进青年教师人才培养为目标的专项基金，每年投入2000万元。为引进理、工、医、人文、社科类青年教学科研人员，分别拨予一次性科研启动经费15万～20万元。

第三，施行引进教师"2+6"培养机制。即为"2年博士后+6年人事聘用"。博士毕业生签订聘用合同，直接进入学科博士后流动站，开展为期两年的博士后学术研究，在其出站时进行考核评价。对于达到良好标准以上的博士毕业生，再由二级教学科研单位的教授委员会，对其德行、发展潜力与科学研究能力、团队协作精神等一系列方面进行综合测评。考核成绩达标后，才可进入6年人事聘用。在6年人事聘用期间，有两次机会可以申报高级专业技术职务，如申报副高级职务成功，方可进入学校正式编制，否则将进行岗位调整或直接解聘。

第四，设立教师研究过渡基金制度。为鼓励教师开展稳定、深入的长期性研究工作，校方每年投入1000万元资金，为教师设立教师教学研究过渡基金，达到副高及以上专业技术职务者均可申请此基金。

第五，施行高级职务教师学术休假制度。支持在任副教授、副研究员及以上职称的在岗教师，到国内外知名高校、科研机构等进行学术交流及学术活动。

（2）改革师资队伍管理和分配制度，激发教师的积极性和主动性

第一，改革编制管理办法。将本校编制细化为非事业编制和事业编制。非事业编制以用人单位根据具体实际情况，按照"谁使用、谁负担、谁负责"的原则，经费自理，实施以协议工资为主、其他方式为辅的分配方式。这样既解决了国家核定编制无法满足学校事业发展需要的问题，又能积极探索能进能出的新型人事关系。

第二，实施岗位分类聘用。根据高校人才培养、科学研究、社会服务和文化传承创新等职能，教师岗位分别分成教学岗、科研岗、教学科研岗和技术开发岗四类，明确各级教师岗位任职条件与岗位职责，并要求二级单位根据总体任务，制定出学院各级岗位最低工作量标准，在签订的聘用合同内明确各级岗位职责，实行分类岗位聘任制。

第三，优化教师考核、晋升办法。以教学科研规律为基础，实行以"能力＋业绩"为导向的考核办法，由以往年度考核转变为聘期考核。其中，新进青年教师未晋升副教授或副研究员之前，不承担教学工作，只考核科研工作。对少数潜心科学研究，特别是基础研究，有明确研究目标的教学科研岗、科研为主岗的教授及研究员，短时间难出成果的，主要考核岗位职责和研究进展情况，细化各岗位任职条件。对不同专业技术职务及分级聘用岗位的评审应侧重内容进行相应调整，对教学环节要求更加严格，对于不能达到本科教学条件的教授职务申报和岗位聘用实行一票否决制。

第四，给予二级教学科研单位更多自主权。二级教学科研单位依国家法律法规及学校实际情况，公开、公平、公正、民主、自主确定岗位设置、人员聘用、新进教师遴选、高级职务评审推荐、岗位津贴分配、二级学科的设置、博士生导师资格的认定、研究生招录等事项，由学校负责监管。

（二）国外高校师资队伍建设与管理先进经验借鉴

1.美国高校经验借鉴

（1）规范透明的教师聘任制度

美国大学教师职务设置分为教学型和教学科研型两种。教学型职务主要有非终身教职和终身教职的教授、副教授、助理教授；教学科研型主要由讲师等教学人员构成，无终身职务。美国的大学教师聘任制度具有如下鲜明特点：首先，教师聘用有公开性、透明性。美国的大学教师选拔都会采用公开招聘的模式，一般情况下各高校不招聘刚从本校毕业的学生，这样避免学术上出现"近亲繁殖"或在年限上论资排辈，大多数大学施行"非升即走制"，这种制度有利于美国高校间的人才流动，同时也造成了美国大学教师中的激烈竞争，如果不能成为佼佼者就会被淘汰，因此各个学校都有着非常强的学术活力，学术队伍也在竞争和淘汰中得到了优化。其次，教师聘任制度严格实行合同制，学校和教师之间的一切关系都会在合同中详细说明，并明确地在合同中注明受聘教师工资福利待遇和职责义务，由校长签发聘书。待聘期结束后，教师和学校双向决定是否续聘。再次，美国高校中，有很多兼职授课的教师，这对于美国高校教育资源的均衡分布有很大好处。对教师来说，聘任方式的多样化提供了很多自由选择的权利。最后，也是美国高校体系中最突出的一个特色——终身教授。美国教授以下的职位中人员流动性很大，但教授一般都是终身教授，通过这一制度确保了优秀学者的职业安全，体现了对学术职业特殊性的认同和保护，同时对高校的学术自由也是一种极大的保护。各高校教学、学术结构形态各异，使得各高校具有独特的学术风格与思维方式，形成百花齐放的局面，这有利于学术的繁荣与创新。

（2）与市场接轨的激励机制

在美国，私立大学在高校中占主体地位，特别是著名的大学绝大多数都是私立大学。与我国的大学相比，美国的大学更像是一家公司，美国大学教师并没有固定的国家薪酬标准，公立院校与私立院校教师薪酬制度的制定方式也不尽相同，只是部分州公立大学实行统一标准或者参考标准。签约薪资制度是美国大学教师主要的薪资制度类型，学校人力资源部通过对教师的受教育水平、工作经历和学术能力未来工作的产出做出详尽的评估，以此来制定教师的起始薪酬标准，这是一个完全市场化的过程，将教师视作学校的资本。因此教师的收入水平完全取决于能为学校创造多大的价值。在美国，无论是私立大学还是公立大学均实行年薪制，工资按月发放，由校长向学校董事会提出教师薪资的建议，董事会来最终决定教师的薪资水平、年度涨薪、奖励性工资。从薪资结构上看，基本工资占教师总收入的 55%~60%，其余的为浮动性奖励工资，首先保障了教师的基本收入，同时又具有相当大的激励作用，教师在教学和科研中作出重大的贡献直接反映在浮动工资收入中。此外，在学校工作达到一定年限后，教师可以享受带薪的学术年假，终身教授的配偶和子女可一同享受学校提供的医疗保险。

2. 德国高校经验借鉴

（1）严格而完善的聘用制度

德国的高等教育历史十分悠久，办学质量在世界上也处于领先地位。这与德国独特的教师聘用制度有很大的关系。教授是德国大学中最为核心的职位，因此德国的教授聘任制度相当严格，并且在不断完善中。德国联邦政府颁布的《高等学校总纲法》对德国大学聘任教授的各个方面作了详细的规定，包括教授的任职条件和法律地位等。

在德国要成为一名教授是一个十分漫长的过程，而且德国的大学教授被视为国家公职人员，没有特殊的情况发生时，不可以解聘大学教授。毫无疑问对教授的选聘是非常严格的，其聘任条件包括以下几个方面：首先，要受到过彻底的高等教育，有博士学位而得到证明其从事科学工作的能力。并且需要获得教授备选资格，取得该资格的前提是发表一份具有独创性的并且要求比博士毕业论文更严格的论文。其次，需要至少 5 年的职业实践，在应用和发展科学中取得过特殊成就。最后，还需具有足以证明其教育能力的教学和培训经验，具有 5 年或 10 年以上教学经历是申请副教授或教授职位的人必须要满足的条件。

在德国，教授的招聘只有教授职位出现空缺的时候才会启动，所以取得了教授的任职资格并不意味着可以成为教授。德国联邦法律规定教授不得采用内部升迁的方式，除非一些特殊的情况，有非常充分的理由才可以考虑聘任内部人员。空缺的教授席位必须在国际范围内公开发布招聘信息，随后大学会组建招聘委员会，委员会由五六名教授和需要招聘教授的部门的一名中层人员、一名大学生代表和一名校外代表组成。招聘委员会审阅所有的求职申请后通过讨论进行预选，选出3~5位候选人，并邀请所有候选人进行演讲和上专业讨论课。演讲和专业讨论课公开在大学进行，委员会随后将与候选人进行座谈，并进一步了解申请者的相关情况，之后委员会经过详细的讨论和筛选后，确定一个三人的受聘候选人名单。同时，招聘委员会成员要为三人各撰写一篇详尽的建议报告并递交到学校学术委员会，由学校学术委员会确定最终的聘任人选。

（2）灵活实效的教师培养方式

在德国，高校采取合作培养的方式对本校教师进行培养工作，具体是指学校鼓励教师从事兼职工作，兼职工作要和其主业工作联系紧密，而且不可以影响教师在学校的本职工作质量。采取这种模式，使德国高校的教师一直站在社会经济和科学技术发展的前沿，不仅是对教师收入的一种提高，教师的实际科研能力也得到了很大的提升，最终教师可以把现实中最前沿的科研成果和方法带入大学课堂，使学生拓宽，视野也提高他们的学习兴趣。

在德国高校中，普遍实行教授讲座制，这也对德国高校中的青年教师具有重要的培养作用。教授作为大学中专业学术的权威角色，可以与大学中博士生签合同使其成为自己的学术助手。助手需要协助教授完成教学和研究工作，教授也要对其助手的博士论文进行评测和监督。在这种模式下，青年教师不仅可以在协助教授工作时取得一定的科研成果，而且在实际工作中提高了自身的教学、科研能力。此外，德国高校中实行一种青年教授制度，即具有青年教授资格的青年教师，在学校进行教学和科学研究时，可以享受联邦政府在资金上的支持，并且在申请研究项目等工作时也享有优待，其享受的权利几乎和教授是同一水平的。这种制度在德国高校的青年教师培养工作中发挥着极大的作用，激发了青年教师在工作中的创造性与积极性。

此外，德国的所有高校教师都可以参加各种咨询服务以提高教师的工作能力，绝大多数的高校以互联网作为媒介与其他高校在教师能力提升方面进行合作。德国联邦政府和各州政府也投入了大量的资金，免费为教师提供继续教育培训，超过一半的德国高校教师参加了各种形式的进修。

（3）优厚的职位待遇

根据《高等学校总纲法》的规定，教授是终身制的公务员身份，只有约5%的教授是有期限的职位，这就确立了教授在德国拥有较高的社会地位。此外，德国联邦政府和各州的州政府立法确定了德国高校教师薪资的组成、发放的条件等基本原则。此外，德国在原有高校教师作为公务员发放工资的基础上，进行了高校教师薪酬制度上的改革，专门为高校的教师设计了全新的工资体系。在新的制度下，"青年教授"按照W1的级别发放工资，而"终身教授"则有W2、W3两个级别。这样一来，在德国各州内部的高校中，教师的基本工资部分按同一发放标准发放。

从薪资的设计上来看，德国高教教师的薪资体现了"保障优先"这一特点。教师的工资分为基本工资和浮动工资两部分，其中基本工资占比例较大，为教师提供了稳定有保障的收入，对职业安全感的提升有很大帮助，同时也符合高校教师这一职业的特点。同时，浮动工资部分由高校自主确定细节，制定细节的过程中全程由教师参与，保证分配过程中的公正与透明。此外，各大学还制定了一套针对浮动工资的考核体系，考核内容比较细致，如教授的研究领域是否适应当前市场的需求、教授的专业对学校有何意义、教授是否在学校担任管理职务、教授培养后备人才的情况和教授取得的各种奖项荣誉等。这样教授的浮动工资完全取决于其业绩，在基本保障的前提下，发挥了新的薪资体系的激励功能。

二、高校师资队伍建设的原则与框架

（一）高校师资队伍建设的原则

1. 充分认识教师的办学主体作用

社会经济的飞速发展，对我国经济、社会生活产生的巨大影响，将使人们更深刻地认识到提高全民族科学文化素质的重要性和紧迫性，形成对教育战略地位认识的新觉醒。接受教育是人民群众最大的文化利益。要转变观念，充分认识教师的办学主体作用，建立以教师为主的高等学校内部管理体系。师资管理的本质就是不断提高教师队伍素质，发挥教师队伍的综合实力和竞争力。教师是学校办学的主体观念，实质上就是树立管理为教学服务、管理为学校科研服务的观念。管理的对象是教师，管理的主体也应当是教师。应当考虑在我国高等教育管理的基本体制下，如何充分发挥教师作为管理主体的应有作用。

教师是办学的主体，学校教育质量的高低，主要取决于教师队伍的素质高低和积极性的发挥程度。因此，要充分认识到教师是高等教育改革与发展最为宝贵的资源。高校人才培养和科学研究功能的实现主要依靠教师的创造性劳动，增强教师的责任感、使命感，才能使教师提高师德修养。高等学校必须保障教师的合法权益，大力倡导尊师重教的社会风气，努力提高高校教师的社会地位，进一步完善高校教职工代表大会制度，充分发挥广大教师参与学校民主管理和民主监督的主人翁作用。学校各职能部门、服务机构，所有员工都应树立和增强为教学科研工作服务、为教师服务的意识，做好服务和管理工作。

2.高校教师队伍建设的原则

高校教师队伍建设要遵守以下原则：第一，根据社会经济、政治、文化、科学技术发展的总体要求，使我们的师资队伍能为我国的综合国力和科技水平竞争力的提高培养创新人才。第二，培养足够数量的教师队伍。第三，建立适应市场经济秩序的新的用人机制，充分发挥市场对人才需求的调节作用。第四，在对现有师资的培养方面，建立有利于终身学习的秩序。第五，创建宽松和谐、情感留人、事业留人的环境。第六，建立有效的激励、约束机制。

（二）高校师资队伍塑造的基本架构

1.适应创新教育需要，树立全新的师资队伍建设观念

新的时期，创新教育对高校师资队伍建设提出了新的要求，在高等教育整体的改革发展中，"更新观念是先导"，师资队伍建设也同样需要树立全新的观念。

（1）树立以人为本的观念

高校师资管理部门要由传统的"以事为中心"的人事管理，转向"以人为中心"的人才资源开发，由单纯的管理控制职能转向教师资源的开发、保障和利用。教师管理模式、机制和方法的改革要有利于优秀毕业生的接收和优秀人才的引进、有利于教师创新潜能的充分发挥、有利于教师资源的优化配置、有利于教师队伍的合理流动。

（2）树立竞争的观念

由于存在教育的公益性与市场法则之间的矛盾，教师资源的配置不能像其他人力资源的配置那样采取强有力的支持性干预，我们要通过法律、行政、经济等手段，大幅度提高教师的经济待遇，创设必要的工作条件，使教师职业真正成为具有吸引力和竞争力的职业。在高等学校内部，也必须牢固树立人才竞争的观念，真正建立起公开、平等、择优的用人机制。

（3）树立开放的观念

应该充分借助市场竞争机制，优化教师资源配置，在严格掌握标准的条件下，广开"才"路，广揽人才。提倡和鼓励教师跨校供职、任课，与厂矿、企业合作科研；提倡和鼓励高校之间互聘、联聘教师，增强校际、学科间的合作，逐步建立高校教师资源共享机制。要正确认识和处理教师队伍的稳定与流动的关系，不要以陈旧的眼光看待队伍的"稳定"，在市场经济条件下，稳定是相对的，流动是绝对的。要在竞争中优化，动态地发展并建立与市场经济体制相适应的合理的教师流动机制。

2. 严把"进口关"，优化教师资源配置

高校在引进师资渠道上，要严把"进口关"。要适应人才市场竞争趋势，因势利导，加强政策导向，加大工作力度，通过补充优秀毕业研究生、吸引优秀留学归国人员、向社会公开招聘高水平教师和加强高层次培训等措施，调整教师队伍的学历、职务和学科结构，提高教师队伍的整体水平；积极探索制度创新。调整和改革教学组织形式，加大学科交叉使用的深度和广度，组织以学科群为基础的高层次人才协作组织；加强校际合作，互聘、联聘教师，鼓励学生互相选课，互相承认学历，共享教师资源和教育资源；利用产业结构调整的契机，面向企业和科研机构招聘优秀人才担任兼职和专职教师，进一步加大兼职教师的比例。要进一步完善和强化高校教师资格证书制度。可以在部分重点学科、传统学科率先实行持高校教师资格证书应聘高校教师制度，待条件成熟后逐步推开。对应聘高校教师视学校、学科专业不同，在学历、学术水平、创新能力、毕业学校等方面提出要求。采用各种有效措施，努力形成一种能把具备创新意识与能力、适合从事创新教育的人才吸引到学校工作的人事制度。

3. 转换机制，优化环境，营造教师成长的良好氛围

要将市场机制作为实现高校教师资源优化配置的基础，激发教师的创新欲望，激励教师的创新精神，激活教师的创新潜能，聚集教师创新优势，充分发挥教师资源作为高校第一资源的巨大作用。要重点建立两个机制：一是竞争机制。通过竞争机制实现人才的优胜劣汰。二是激励机制。要遵循教师成长规律，处理好精神激励与物质激励的关系，促使教师把个人的事业与社会理想、社会责任有机地结合起来。要尊重教师的个性，有个性才有创新，使教师充分享有实现自身价值的满足感、贡献社会的成就感、得到被社会承认和尊重的荣誉感。要进一步在全社会形成尊重知识、尊重人才的良好风气，营造有利于教师成长的宽松环境。

要充分利用大环境，努力优化小环境。积极地倡导学校文化精神，形成浓厚的学术风气，创造既有良性竞争又有团结协作的生动活泼的学术环境。对于优秀教师要大胆使用，要给他们提供发挥自身潜能的机会。要创造和谐融洽的人际关系，努力改善教师的生活和工作条件，想方设法为教师解决实际困难，帮助教师解决各种后顾之忧。要格外珍惜拔尖人才，要鼓励和支持冒尖，鼓励和支持当领头雁，鼓励和支持一马当先，通过相应的激励机制和政策导向，鼓励教师开拓创新、大胆探索，形成允许在创新和探索中出现失败、包容失败、不怕失败的氛围，不断优化和强化教师的成才环境。

4. 加强师德建设，实现教师队伍职业道德的创新

要真正形成社会尊师重教、教师爱岗敬业的风气，就必须实现教师队伍职业道德的创新。新型的教师职业道德，应当是具有健康的个性心理品质、高尚的社会道德规范、健全完美的人格、良好的师生关系、丰富的学识和科学精神、奉献精神、创新精神。要实现教师职业道德的创新，一方面，必须强化教师的

职业精神。着力培养教师终身从教的敬业精神，刻苦钻研的求实精神，敢于创造的拼搏精神，爱生如子的园丁精神，不计得失的奉献精神。另一方面，必须加强教师的师德建设。要加大工作力度，强化教师工作中的政策导向，将思想工作、政策导向和物质激励三者有机结合起来，增强思想政治教育工作的针对性和有效性。要尽快研究制定"高等学校教师道德规范"，引导高校教师增强事业心和责任感，自觉履行法定义务，遵循职业规范，发扬科学精神，遵循学术道德，教书育人、为人师表。

三、我国高校师资建设的有效路径

高校的师资队伍建设是一个庞大的系统工程，探讨一条高校师资建设的有效路径，并不是单一的个人或学校、政府能完成的任务，这需要教师、学校、政府的共同努力，只有充分地调动各方的积极性、主动性，通力合作，才能真正全面提高我国高校的师资水平，为我国的现代化建设培养合格的接班人。

（一）政府要以科学发展观为指导转变传统教育观

科学理论的指导是实践成功必不可少的因素，高校的师资队伍建设作为一项复杂的系统工程，尤其需要科学理论的指导，因此，以科学发展观来引导高校师资队伍的建设，就成为政府应该承担的责任。

1. 树立正确人才观和人才培养方向

传统教育观念认为向学生灌输已有的知识是教育的重点，在这种观点的指引下，人才培养变成了灌输知识，直接后果是教育必然落后于社会经济的发展。伴随科技的发展，传统的教育观念受到越来越多的质疑，教育观念的改革刻不容缓。当今世界，在新技术革命的冲击下，衡量一个国家主要看它的综合国力，而综合国力的竞争主要是科技的竞争，但归根到底还是教育的竞争。由此，教育不再是单纯地传授知识，更为关键的是培养具有创新精神而且兼有社会责任感的人才。

2. 高等教育需要科学发展观的指导

发展观，是人们关于发展的根本观点，在什么样的发展观指导下就会出现相对应的发展实践。长期以来，在以经济建设为根本目的的发展观指导下，整个社会只注重经济的增长，把 GDP（Gross Domestic Product）增长作为衡量一切工作的标准，在客观上却忽视了人的发展、社会的发展。在这种发展观的指导下，高校的发展也出现了偏差，大规模的学校基础设施建设，大规模的扩招，这些好像都是为了 GDP 的发展作贡献。这样做的直接后果就是我国高等教育的发展出现规模扩大、效益低下的情况。因此，迫切需要以科学发展观指导我国高校教育的发展。

教育是科学技术发展和人才资源开发的基础，只有发展教育，才能使我国由人力资源大国转变为人力资源强国，而在教育事业中，高等教育又处于关键地位。因此，在高等院校建设中树立科学发展观，具有十分重大的指导意义，这种指导意义主要体现在处理好以下几对关系上。

（1）外延扩大与内涵发展的关系

内涵发展就是要追求质量、规模、数量、效益的统一，这种发展模式符合我国发展的国情，也符合我国高等院校的发展规律。但是，改革开放以来，我国高校的发展却出现了只要数量不要质量的现象。要知道外延扩大的发展并不是通过不断地增加投入来扩大规模，从而实现扩张，而是要实现科学合理的发展，就要实现外延发展与内涵扩大的结合，这种结合主要通过如下的途径实现：①优化组合现有的教育资源。②适当外延已有的优质资源。

（2）数量与质量的关系

质与量是辩证统一的关系，数量是质量的前提，质量是数量的目的。质量的关系是不断变化的，处于动态的平衡之中，放在整个社会中，就是具有一定的时代性。因此，在我国高等院校的发展过程中，我们要在动态的发展过程中追求质与量的辩证统一。近几年，我国高校不断扩招，在实际的发展过程中，不自觉地偏向了数量，忽视了质量。但是，从长远看，办学质量才是一所院校的生命线。随着经济社会的发展，传统的人才需求已经发生变化，社会对人才的质量提出了更高层次的要求，一所学校只有把好"质量关"才能生存。因此，高校的发展必须在科学发展观的指导下，更加注重质量，寻求数量与质量的均衡发展。

（3）长远利益与眼前利益的关系

十年树木，百年树人。教育是我国的基本国策，高等教育理应成为我国社会主义的长久事业，需要一代代人的不懈坚持。高等教育只有实现持续健康的发展，才能不断为我国的社会主义事业提供动力。然而，我国许多高校的专业设置，却只考虑学科的热门程度，只追求眼前的市场需求，而不考虑长远的市场空间。这种情况的直接后果是，用人单位对高校培养的人才不满，高校毕业生就业越来越困难。所以，高校的发展需要具有长远眼光，不能急功近利。与此同时，高校的其他建设方面也必须兼顾长远与眼前，真正实现持续健康发展。

科学发展观要求我们实现"四个统筹"，其实质就是如何更好的发展、实现怎样的发展的问题。同样，在我国高校的建设发展过程中，我们要坚持科学发展观就必须遵循"四个统筹"。将四个统筹与我国高校的实际情况相结合，才能真正实现我国高校的科学发展。

（1）统筹高等院校在不同地区的协调发展

由于地理、历史、经济等因素的影响，高等院校的发展，在我国不同的地区差别很大，且这种差别不是短时间能改变的。因此，尽最大的努力，不断地实现缩小高等院校在不同地区的差距,是我国高等教育的一项重大任务。在以后的发展过程中,我们要采取相应的措施扶持高等教育相对落后的地区,在资金政策上予以倾斜,以实现高等院校在不同地区的可持续发展。

(2)统筹高等教育与经济社会的发展

高等院校与经济发展是辩证统一的关系,这种关系体现在如下几个方面:一是高等院校的发展为经济的发展提供保障,二是高等院校发展的目的就是为经济发展服务,三是经济的发展需要依靠高等院校不断提供人才保证。因此,要实现经济社会的发展,必然需要大力发展高等教育。同时,经济的发展对高等教育发展的速度与规模也具有制约作用,也就是说经济基础决定着你有什么样的高等教育。所以,在经济社会发展过程中,我们要正确处理二者的关系,统筹经济发展与高等教育的发展,在我国现有经济条件的基础上,在不超过现有经济社会承受能力的基础上,尽一切可能实现高等教育的发展。

(3)统筹人才的全面发展

全国人大在1998年通过并于1999年1月正式施行的《中华人民共和国高等教育法》中提及:"高等教育必须为社会主义现代化建设服务,使受教育者成为德、智、体等方面全面发展的社会主义事业的建设者和接班人。"总之,在知识经济的时代,高等教育不应只追求经济技术的发展,培养的人才也不是纯技术的工人。我们必须认识到,我们培养的人才,是需要承担时代赋予我们的历史重任。因此,我们不仅需要培养他们娴熟的专业技能,更为重要的是,学生必须具备高尚的情怀和道德,只有全面发展的人才才能承担历史的重任,实现我国经济社会的全面发展。

(4)统筹高等教育的国际化与民族化

改革开放以来,我国高等教育与国外交流越来越频繁,这种合作交流在一定程度上促进了我国高等教育的发展，但是也引出了一系列的问题，如大量的人才流失、西化问题严重等。因此，在国际化的趋势下，必须坚持民族化观念，正确处理国际化、民族化的关系，我们要清醒地认识到二者相生相长、互为补充的关系。鲁迅先生也说过："只有民族的，才是世界的。"[①] 所以，只有坚持本民族的文化传统，吸收引进国外的先进文化，实现本民族优秀文化与国外文化的有机结合，才能进一步发扬本民族文化的特色，顺应时代的发展。

总之，政府应该坚持以科学发展引导转变传统的教育理念，努力实现"四个统筹"，才能实现高等教育的持续健康发展。

（二）学校要有效发挥师资建设主体的作用

学校是师资队伍建设的主体，师资队伍建设到底会取得怎样的成效，关键还得看学校师资建设的具体落实。因此，高校应该充分重视师资队伍的建设，有效地发挥主体作用。

1. 紧跟时代变化，改变自身观念

（1）树立"以人为本"的观念

高校的管理要改变以前"以事为中心"的管理方法，逐步向"以人为中心"来开发高校的师资资源。以前的师资管理主要是着重管理控制，不能充分挖掘师资资源的潜力。因此，我们需要转变为着重开发、利用和保障。高校师资队伍建设的方法、模式也需要"以人为本"，唯有如此，才能有利于优秀毕业生的接收，有利于优秀师资人才的引进，有利于教师积极性的发挥，有利于师资资源的合理化配置。

（2）树立"以教学为本"的观念

"教书育人"是高校教师的职责，高级教师是教学的实施者。因此，高校

---

① 鲁迅.且介亭杂文集[M].沈阳：春风文艺出版社，2014.

教师应该以教育教学为中心，而高校师资队伍建设应以提高教育教学质量为宗旨，围绕教育展开，师资队伍培养的内容也应该是围绕提高高校教师的教学水平来进行。高校应该以培养教学大师与学术大师为目标，要着力克服以前的"重学历，轻教师"教育教学水平的现状，要做到既要重视学术水平的提升，更要注重教学水平的提升。

（3）要具有开放性的观念

长久以来，我国高校的师资队伍培养一直是以在职为主、脱产为辅。在这种观念的影响下，我国高校师资队伍培养的效益低下，教师队伍的水平提高缓慢。因此，我国高校应该树立开放性的观念，多为教师提供外出进修学习的机会，让教师及时获得学科前沿知识，在长期的交流学习中，不断提高学术水平、教学水平，不断地更新教育方法，提高教育教学的水平与效益。

（4）树立人力资源是第一资源的观念

人才作为当今世界的第一资源，是一个国家的发展必不可少的条件。自从我国加入世界贸易组织（World Trade Organization，WTO）以后，我国在利用人力资源方面取得了一定的成绩，但能否在激烈的国际竞争中占据一席之地，还是取决于人力资源是否能得到进一步的合理开发利用。在经济全球化的今天，人才在社会进步中起到关键性作用。高校作为培养人才的基地，其地位举足轻重。因此，高校师资队伍建设更要转变观念，确立人力资源乃第一资源的观念，切实为社会主义的现代化建设培养合格的优秀人才。

2. 不断改进方法，提高师资队伍管理水平

任何一个组织如果要实现合理有序的健康发展，就要有合理的科学管理队伍和管理方法。我国大学现在的招生规模逐年递增，动辄几万人的学校，肯定离不开科学的管理队伍。另外，人数越来越多的师资队伍，也需要科学合理的管理方法，这些都需要有一支高水平的师资管理队伍。

师资队伍的建设，内容丰富、涉及面广。建设一支有活力、高水平的师资队伍的先决条件就是要有一支优质高效的师资管理队伍。因此，高校应该把师资管理队伍的建设也纳入高校人才培养的计划之中。在高校师资管理队伍规划中，应该做到如下几点：一要有业务水平高、职业素养好、思想道德水平高的人才充实到师资管理队伍之中。二要注重现有师资管理队伍思想水平的提高、管理方法的更新、教育培训的加强。三要改变我国高校长期以来存在的轻视管理工作的传统，加大对师资管理队伍的激励，保证师资管理队伍的稳定高效。

师资管理的一项重大任务就是有效地调动高校教师的积极性、主动性。因此，需要师资管理人才把自己所具有的科学管理方法、管理理念有效地运用到实践中来，不断提高自己的管理水平。为此，师资管理队伍必须紧跟时代潮流，不断学习更加科学的管理方法，结合所在院校的实际情况，在实践中创新师资管理方法，不断实现师资管理的制度化、科学化。同时，师资管理队伍还应该合理有效地利用已有的管理工具，充分发挥这些工具的效用，提高高校教师的积极性、主动性，充分发挥管理的效用。

最有效的管理方式不是现场的指导，也不是情感的说教，而应是行之有效的政策和机制。深得人心的政策，往往能达到意想不到的管理效果。因此，我国高校应该不断完善各项政策，搞好师资队伍建设。

3.坚持深化改革，完善人事分配制度

人事分配制度改革是在按劳分配、优劳优酬、按岗定酬原则的指导下，通过合理分配岗位津贴，实现调动高校教师的积极性，激发高校教师的创造性，同时提高高校教师队伍的稳定性，以及增强高校的吸引力的作用。

（1）全面推行聘用制

聘用制最鲜明的特点就是平等竞争，它是教育为本的充分体现，是尊重知识、尊重人才、尊重创造的有力说明。在高校实行聘用制，建立高效的择优机制，能有效地提高高校教师的责任心与使命感，能使高校教师更加珍惜自己的工作岗位，也能最大限度地调动高校教师的积极性与创造性，充分发挥自己的聪明才智。因此，聘用制是加强教师队伍建设的有效方式，能提高高校的办学效益，在根本上促进我国教育事业的发展。

（2）分配制度坚持聘用制为基础，绩效优先，多劳多得

分配是聘用制实行的基础，要建立注重劳动分配，按贡献大小、业绩优劣分配的激励机制，形成形式多样的校内分配制度，打破我国高校原有的"大锅饭"。高校根据自己的实际情况，分级设岗，确立不同的绩效，确定科学合理的岗位津贴标准，这样就能与高校教职工的实际情况相适应，既能使高校工作者保持心理平衡，又能调动高校现有工作人员的积极性、主动性，在分配制度上适度向高校教师倾斜，使真正有教学成果和学术成果的高校教师得到更多的奖赏，营造真正有利于人才成长的环境，形成尊重知识、尊重人才、尊重创造的良好氛围，提高高校教师职业的吸引力。

（3）进一步完善高校考核制度

公正客观的考核制度是高校职称晋升、聘用、奖惩的关键依据，因此，进一步完善考核制度，力求最大限度地实现公正客观十分必要。在教师考核中首先必须要做到实事求是，要建立公平、公正、公开、科学合理的评判方法或制度。高校应根据自己的实际情况，制定适合自己的评价体系和考核方式，要对自己的考核进行分类管理，考核标准要定时、定量、定性。科学合理的考核制度是推行聘用制的一项重要条件，也是建设高素质师资队伍的根基之一。科学的考核制度应该达到可行性、客观性与导向性的统一，它要既能反映高校教师的工作成效，又能反映高校对高校教师的基本要求，还能引导高校教师更加专注本

职工作，同时，它还必须具备一定的时效性。

4.加强教育管理，提高教师队伍素质

市场经济"唯利是图"的特性成为高校教师队伍建设的"瓶颈"，要改善这种局面，需要不断加强师资队伍建设的管理教育，需要进一步发挥教学督导的作用。教学督导的作用在于通过督导高校教师的教学工作，提高高校"教书育人"的质量。教学督导主要通过"督导"与"引导"发挥作用，高校通过对高校教师在整个教学的过程进行经常性的检查、评价与督促，确保正常教学秩序的维持，强化教育的过程管理，从而能进一步提高教学质量。教师是教学的主体，是教学质量的提高关键所在，自然就是教学督教的重点所在。通过督教能起到发掘优秀教师、总结教学经验、激励教师队伍的作用，从而提高整个师资队伍的整体素质。学生是教学的目的人群，对学生的教学督导，能提高学生学习的自觉性、学习的方法、学习的热情，以及学生处理问题的综合能力。总之，高校进一步发挥教学督导的作用，是适应新形势高校改革创新的需要，是建设高校师资队伍的重要途径。

（三）教师个体要充分发挥积极性、主动性

高校教师是我们教育的主体，直接承担着教书育人，为我国现代化建设培养合格人才的艰巨任务。因此，高校教师理应从自身做起，不断培养自己的高尚道德情操，提高自己的专业素质。

1.具备良好的职业道德

教师的职业道德是指教师在日常的教育教学过程中，形成的比较固定的道德观念、行为规范的总和，它是协调教师与他人、教师与集体、教师与社会之间关系的行为准则，是社会对教师的基本要求。教师的职业道德是教师品德素质的反映。教师的职业道德建设是提升教师道德素质的重要途径，因此，高校

的职业道德建设理应是高校教师需要重视的问题。提升高校教师的职业道德，主要从以下几个方面入手。

（1）要对教育事业具备献身精神

对教育事业的忠诚，是教育者最高的品德素质，我们不可能以共产党员的标准来要求高校教师，但是高校教师首先必须爱党、爱社会、爱人民、爱教育事业，并把这种爱内化到对教师职业的忠诚上。只有忠诚于我们的教育事业，并对教师职业有充分的认识，才能形成高度的事业心、责任感，以为国家培养合格人才为己任，才能无私奉献、甘于清贫。

（2）热心于本职工作，精心育人

教书育人是高校教师的职责，他们是教学的实施者。因此，高校教师应该以教育教学为中心，而高校师资队伍建设应以提高教育教学质量为宗旨，围绕教育展开，师资队伍培养的内容也应该是围绕提高高校教师的教学水平来进行。要着力克服以前的比学历，而轻视教师教育教学水平的现状。要做到既要重视学术水平的提升，更要注重教学水平的提升，高校应该以培养教学大师与学术大师为目标。

（3）以身作则，为学生树立榜样

把为人师表作为教师的素质与生命，要求教师正人先正己，在工作作风、政治思想、生活作风上都必须能做到以身作则，在日常的教育教学实践中，必须以精湛的教学艺术、高尚的道德品质，为学生树立榜样，努力帮助学生形成正确的世界观、价值观和人生观。

（4）要具备团结协作的精神

教师的工作，本身就是教师形态的个体性与教育成果的集体性的综合体，这就要求教师在具体的工作中，必须严以律己、宽以待人，努力处理好与其他教师、学校领导的关系,只有处理好各种社会关系,教师之间才能相互取长补短、相互协作,共同努力完成教学任务。

2. 具有现代化的教育理念

现代化的教育与传统社会教育有着本质不同,在培养人才类型、教育人的模式、教育内容、教育方法等方面都与过去有本质的不同。现代化的学校首先要有现代化的教师,现代化教师首先要有现代化理念,而现代化的教育理念理应包含以下几个方面。

(1)以人为本理念

21世纪以来,整个人类世界已经由重视科学技术转为更重视人的发展,因此,我们的教育也应该顺应时代的潮流,我们的高校教师也应该培养"以人为本"的理念。"以人为本"的理念要求实现每一个学生"德智体美劳"的全面发展,因此,我们的教育观念必须从精英教育向大众教育转变,由专业性教育向通识性教育转变,在教育方法上也应该是"德智体美劳"全面开展。

(2)创造性理念

传统教育向现代教育发展的重要标志就是知识性教育向创造力教育的理念转型。知识经济更加凸显人的创造性,人的创造力是社会发展的不竭动力。现代教育的教学过程本身就是一个高度创造性的过程,以开发学生的创造力为根本目标。因此,我国高校教师必须具备创造性的理念,以培养学生的创造力为目标,最终培养创新、创业复合型人才。

(3)主体性理念

现代的教育理应是主体性的教育,它肯定并尊重人的主体性,充分调动受教育者的积极性、主动性,使外在的受教育者被动地接受知识转变为教育活动的主体,教学始终围绕学生进行。最大限度地调动学生的学习潜力和学习动力,使教育活动真正变成受教育者的自主教育和自我建构过程。因此，高校教师应该具备主体性理念，使教育活动变成学生快乐学习的过程。

（4）开放性理念

当今时代是一个日新月异、空前开放的时代，科技的发展使世界日益成为密切联系的整体。传统的封闭教育格局被打破，教育越来越成为日益开放的新型教育。开放型的教育包括教育资源、教育观念、教育方式、教育过程的开放等。全方位的开放必然要求我们的高校教师需要具备开放性的理念，充分地将传统的、现代的、网络的、现实的、民族的、世界的、物质的、精神的教育资源用于教育活动，激活教育，使我们的大学教育面向世界、面向未来，越来越适应时代的开放性要求。

3. 具备合理的知识结构和教学科研能力

（1）要有精深的专业知识

高校教师要掌握本学科的基本知识、基本原理，了解本学科的历史，掌握本学科的发展前沿，把握本学科的发展动向。面对知识经济日新月异的变化，高校教师应该不断学习，保证自己一直处于学科的前沿。

（2）高校教师还应具有高超的教学技能

教学不是科研，光具有先进的知识、理论，并不代表可以很好地把知识理论传授给学生。什么是重点，什么是难点，这些都需要教师做出正确的判断，因此，不断地总结教学经验，努力形成自己熟练的教学技能、提高自己的教学能力就显得尤为重要。

（3）要有较强的科研创新能力

科技时代的发展，要求高校教师还应具有较强的科研创新能力。传统的教育观对教师的定位是"传道、授业、解惑"，但是时代的发展，对教师提出了更高的要求。我们的教师必须具备较强的科研创新能力，这样才能应对创新时代的到来，并承担起时代赋予的重任，为我国的现代化建设培养创新型人才。

（4）要能掌握现代教育技术

随着科技的迅猛发展，高校教育的信息化势在必行。熟练使用现代教育技术，特别是以网络技术与多媒体技术为标志的现代信息技术，成为高校教师必备的素质。

4.具备深厚的人文素养以及健康的心理素质

教师的人文素养直接影响着教师的成长，也影响着基础教育教学质量的提升。从事教育教学活动的教师必须具备雄厚的文化底蕴和深厚的人文素养，才能担负起为人师表、教书育人的重任。

高校教师的人文素养应包括以下几个方面。

（1）文学修养

文学源于生活，高于生活，具有深刻的思想性，对于人的创造力、思维表达能力具有潜移默化的作用。高校教师具备一定的文学修养，有助于自身的教育教学活动，也有助于陶冶情操，培养高尚的道德品质。

（2）艺术修养

艺术修养一直以来被认为是人格魅力的重要组成部分。高校教师具备一定的艺术素质，能使自己的教学活动更加生动，独特的艺术魅力也能拉近学生与教师之间的距离。

（3）审美修养

审美修养主要是指人们认识美、评价美的能力。美是人们对客观事物的总体评价，教师的教学过程从另一个方面也可以说是启迪学生认识美、评价美、创造美的过程，因此，高校教师本身要具备一定的审美修养，以便更好地启迪学生为实现美好的未来而奋斗。

心理素质是人的基本素质，教育者的心理素质在一定程度上影响着教育教学活动的成效，教师具备健康的心理素质，在学生形成健康的心理素质过程中也起到重要作用。现代社会竞争越加激烈，这需要教师主动进行自我调节，向学生展现正面形象，传递正能量，要在学生中间保持乐观积极向上的精神状态，不断追求事业的发展；要在学生面前保持稳定的情绪，教会学生正确处理人际关系，学会面对挫折挑战；要以健康的心理引导学生，使学生在愉悦和谐的环境中，健康地成才。

总之，当今社会科技越来越融入我们的生活，预示着科技时代的到来。

科技时代，科技的作用不言而喻，这种作用不仅表现在它对社会发展的积极作用，也表现在科技异化的消极作用上，这就对我国人才的素质提出了更高层次的要求。高素质人才的培养，需要我们高水平的教育，而教育的发展，关键在于师资队伍的建设，因此，我们必须重视师资队伍的建设，充分调动各方面的积极性，探索出一条合理的师资队伍建设路径，为我国的现代化建设培养出思想道德素质高、专业能力强，兼具创新意识、环保意识的高素质人才，为我国的现代化建设提供源源不断的动力。

（四）建立和完善考评体系

在高校中，应按照科学聘任制要求，改革传统考核办法，科学构建考核指标体系。实行教师职务聘任制是深化高校加强师资队伍建设的重要内容。教师职务聘任制度的主要内容是职务岗位设置、职务聘任和聘后考核。履职考核就是依据教师岗位职责，对教师是否胜任本岗工作或履行现岗所规定的政治思想、职业道德、工作态度以及工作实绩进行全面系统的评价。履职考核可以全面评价教师能力、思想业绩的差异，掌握教师的内在潜力、素质，以及水平的发挥，是教师聘后评价的中心环节。因此，必须按照聘任制的要求，构建科学的考核指标体系。

第一，进一步加强考核工作的针对性，考核要与聘期任务和岗位职责相结合。教师职务聘任阶段在整个教师聘任制实施过程中只是一项阶段性工作，更为重要的环节是聘后的考核管理。教师考核工作是教师职务聘任制度所要求的教师岗位聘任管理的有机组成部分，对教师进行聘后管理的主要手段是根据任职教师履行职责条件进行严格考核，以考核结果作为是否继续聘任的重要依据。考核要与聘期任务和岗位职责结合，将教师的平时考核、年度考核和聘期考核有机结合起来。

所谓平时考核，就是对教师日常履行岗位职责和完成任务的情况所作的记载与考查。它可作为年度综合测评的参考依据。平时考核可以实行随机进行与短期考核相结合，主要考核个人岗位职责的具体履行情况。

年度考核是对教师聘任期间每年履行岗位职责情况的评价，把考核的结果作为聘期考核的依据。年度考核间隔的时间比较长，因而所做出的评价，必须依据平时完备的考核资料才能够完成。平时考核资料完备与否，关系到年度考核的质量。按照国家关于事业单位年度考核工作的规定和具体要求，认真做好教师年度考核工作是人事管理工作的一项重要内容。年度考核作为对教师一年工作业绩、表现的综合评价，涉及范围很广，包括德、能、勤、绩四个方面，重点考核工作实际业绩。因此，年度考核要在充分体现客观公正、注重实绩、民主公开的基础上确定考核标准。应该以岗位职责和年度工作任务为基本依据，以各项规章制度为基本要求，对不同岗位和不同专业、不同职务和不同技术层次的教师在业务能力、工作业绩等方面提出不同的要求，考核内容要能够反映出教师全年的教学和科研情况。

聘任期间的考核是对教师在一个完整的聘任期间履行岗位职责情况的全面评价。其目的是决定续聘还是解聘。该机制的建立对于实现奖勤罚懒、优胜劣汰，激励教师的积极进取竞争意识，增强教师的责任心和事业心具有重大意义。聘期考核通过对现任岗位教师在教学、科研工作中表现出的职业道德、工作态度、敬业精神、能力业绩的质量或数量的评价，判断其能否适应现在岗位的要求，激励其更好地履行职责，并作为对其继续聘任、缓聘、低聘甚至解聘的主要依据。使聘任制产生持续的激励竞争效应的关键在于考核，它是聘任制产生持续的激励竞争效应的保证，在这里，考核不再是以年终总结式的考核，而是一种聘后管理的方法。为此，应该建立不同层次的细化的考核指标，采取定性考核和定量考核结合的办法，建立全面、科学的考核指标体系，尽可能地增加量化指标，从教学科研、论文著作、成果获奖、人才培养等几大方面入手，把考核结果与是否继续聘任结合起来，与教师切身利益结合起来，强化激励作用，提高聘任上岗教师承担职责、完成任务的自觉性。

第二，把握考核工作的基本原则，力求考核公平合理，遵循客观、公正、准确的考核原则，这是做好考核工作的关键。

对教师的考核应当遵循以下的原则：一是全面性原则。必须对教师进行全方位的考核，不仅要考核教师的业务知识水平、科研能力水平和教学工作实际业绩，还要考核教师的思想政治表现、职业道德、组织纪律、团结协作精神和创新意识等。只有全面考核，才能使教师既注意提高自己的业务水平和工作能力，又重视自己的政治素养和人格品质的提高，更好地完成培养建设人才的重任。

二是客观性原则。要求对教师的考核要实事求是，坚持以教师的政治思想业务水平、工作态度和工作成绩等方面的实际表现情况为考核的依据，切忌凭主观印象轻易下结论。在全面考核的前提下，要重点考核教师的工作实际业绩。衡量一个教师是否称职，是否能培养出高水平的学生，归根结底还要看其在教学、科研、育人工作中的成绩和贡献。因此，在考核的内容和标准设置上，一定要尽量体现客观公正。

三是公正性原则。要求在考核的过程中对全体教师一视同仁，不偏不倚。对所有的教师都一定要严格按照规定的标准和程序进行考核，不能有亲有疏，不能宽严不一，更不能借助考核之机对教师进行打击报复。采用定性与定量考核相结合的办法能体现客观公正性，因为这种考核办法既考虑了教师的工作表现，又考虑了其岗位职责。同时，定性考核由群众说话，定量考核以事实说话，从而保证考核的客观公正性。

四是科学性原则。考核要科学合理，设置好考核指标体系至关重要。要在考核指标体系、考核标准、考评方法等方面反映教师工作的特点，而且考核的各项指标都要具有可测性和可操作性。教师业绩考核的基本要求是客观、公正、准确。要做到这一点，首先应对能够反映教师工作成果的多项指标进行综合考虑，从多个侧面评定教师的工作实际业绩，不仅要能区分出教师素质高低、能力强弱、贡献大小，还要能够反映出被考核对象的特点。比如根据教师职务层次的不同、授课类型的不同、专业的不同等进行权比的分配，以达到科学合理的目的。其次要注意将教学与科研相结合。教师的主要工作是教书育人，但是在教书育人的同时也应该重视科研，包括教学科研，促进教学内容和教学方法的更新与提高。最后还要把教师的工作业绩尽可能地用数量指标进行反映，避免考核工作中出现过多的主观性和走过场，在此基础之上，将定性与定量方法相结合，从质和量两方面对教师进行考核。

第三，改革传统考核方法，科学构建履行岗位职责的考核指标体系。考核的原则确定后，建立一套科学的考核指标体系以及考核办法就成了关键。指标体系既要能全面客观地反映被考核对象的基本情况，以及对他们的基本要求，又要符合各高校教师队伍的实际情况。因此，人事（师资）管理部门一定要将教师的各方面情况进行统计、分析、测评，运用教育统计学以及教育测量学理论进行分析指导，建立数学模型，并科学地调整权重，使之最优化。

过去，在对教师进行考核时，由于考核办法及考核指标欠科学，考核在很大程度上还存在着随意性与照顾性。为了搞好教师的考核工作，调动教师工作的积极性，必须从改革考核办法入手，认真设计考核指标，使考核工作走上规范化的道路。

一要合理确定考核办法。过去的考核办法主要侧重于定性考核，忽视了定员考核。为此，必须改革考核办法，将定性考核与定量考核相结合，将德、能、勤、绩四项考核内容分为两大块，采用不同的方式进行考核。对德、能、勤三个方面采用定性考核办法，因为德、能、勤属于工作表现以及工作能力评价，不便定量评价，而对于教师的业绩则采用定量考核的办法。定性考核部分采用群众集体无记名投票评价，定量考核部分采用个人自评、单位核定的办法评分，考核结果则由定性考核与定量考核综合决定。

二要科学构建定量考核指标体系。定量考核是考核的重点，一个人的表现怎样，应该体现在一定时期的工作业绩上。如何科学设计定量考核指标是定量考核的难点，各校可以根据具体情况来确定本校的考核内容和方式。

在建立科学考核指标体系时，要把整个考核工作看作一个大系统，下面可以设有多个不同的考核方式作为其子系统。比如学校考核委员会评价子系统、院（系）考核小组评价子系统，教学科研、师资管理部门评价子系统，学生评价子系统，同行专家评价子系统。每一个评价子系统，又可以在此基础上设立多个考核方面或项目，并且在调研和理论论证的基础上，由考核工作主管部门，根据学校的具体情况以及本校师资队伍建设的具体实际，给每个考核方面或项目赋予具体的考核内容，并且确定一定的分值。

为了使考核结果具有可比性，可以把所有需要考核的项目进行量化、赋予分值，以便于用积分的多少来进行对比。当然对于不同层次的教师应采取不同的参考系，明确不同的指标。设计好定量考核指标后，还必须认真进行定量评分。可以先由个人按照要求自评，然后由单位考核小组按照标准核定分值，以确保考核分值的真实性。

另外，在考核原则和考核指标体系确定的基础上，我们还要重视考核工作程序以及日常的管理工作，这既是考核工作能否搞好的基础，也是考核的目的所在。因此，一定要加强考核的组织管理，严格考核程序。

1. 严格遵循考核程序

严格遵循考核程序是考核结果客观、公正、准确的重要保障。考核过程要注意把握以下每一个环节，即个人总结述职、群众评议、系部考核小组初审、考核委员会量化评分、考核办汇总排序、学校审定等。在教师中进行的考核是，先由教师进行自我总结，向考核机构述职，然后由考核机构通过座谈会、评议会、个别谈话、问卷调查等方式，充分听取其他教师和学生的意见，在此基础上结合教师的各方面表现，依据法定程序进行考察。

在考核中，应该大力弘扬批评与自我批评的优良作风，一方面，认真听取个人的自我总结和自我评定，给个人充分展现成绩、宣传自我、反思自我的机会，以使其发扬成绩、纠正错误。另一方面，还要认真听取同行专家以及学生的意见。同行专家和学生对被考核对象来讲是最有发言权的，也是最能恰如其分地找出被考核对象的不足之处和肯定其成绩的人。因此，听取他们的评价，收集他们对被考核对象的意见，对搞好考核工作十分重要，也十分必要，这对于促使被考核对象改进工作，提高教育教学质量至关重要。同时，还要注意平时考核和年度考核相结合。平时考核主要是收集原始资料，把不足之处随时反馈给被考核对象，以促其改进工作，提高教学水平。年度考核则主要用于综合对比，评定等级，整体提高。

2. 客观确定考核等次

一般来说，年度考核分为优秀、合格、基本合格、不合格四个考核等次。确定年度考核等次必须是定性考核与定量考核相结合的结果。可以规定，优秀等次人员必须是定性考核为优秀，且同层次人员中的定量分最高的人员；定性为合格及以下的人员不论定量分数多高，都不能评为优秀；定性为不合格的人员考核为不合格；而定量分数未达到规定的四个等次，哪怕定性等次为优秀，考核分数也只能以定量分数确定考核等次。

3. 重视考核结果反馈

考核的最终目的是鼓励教师更好地履行岗位职责，因此，必须重视考核结果的及时反馈，使教师知道自己的不足，并更好地改进工作，让考核结果真正发挥作用。

年度考核结果只是反映了教师一年的工作态度与工作业绩，不能将这一考核结果与一切事项挂钩，必须合理地使用考核结果。年度考核结果应与教师受聘任教、晋升工资、实施奖惩挂钩。对于优秀者除兑现国家及各省份的有关奖励政策，各校还可一次性进行奖励；对良好获得者也可进行适当奖励；对不合格者要提出告诫，限期改进，并可适当扣发岗位津贴。只有合理地使用考核结果，才能保证考核工作不走过场，达到考核的目标。

第二章　高校师资队伍建设方向

第一节　高等院校学术带头人的培养

高等院校承担着人才培养、科学研究、社会服务、文化传承与创新的基本职能，需要进行学术研究，致力于培养和造就一支高素质、高技能、有影响力的学术带头人队伍。本节拟就高等院校学术带头人建设话题，进行思考和探讨。

一、高等院校建设和发展需要学术带头人

（一）发挥高等院校整体功能需要学术带头人

我们认为，高等教育的主要任务是培养适应社会主义现代化建设的生产、建设、管理、服务第一线需要的"下得去、用得上、留得住"的高素质、高技能应用型人才，注重学生能力的培养是高等教育的重要特征，也是贯彻以就业为导向的教育改革的重要内容之一。要培养学生的操作能力，教师本身的业务能力是前提，"能"师才能出高徒。所以必须全面履行高等院校的四大基本职能，在做好人才培养工作的同时，以知识贡献、社会服务等途径展示和提高自己。在高等师资队伍素质提升上，没有一定数量、具有较高水平和社会影响的学术带头人引领是不现实的，是难以实现高水平、高质量高等院校办学目标的。

（二）提高高等院校教育质量需要学术带头人

高等院校实现人才培养功能、提高教育质量，必须加强师资队伍建设，形

成一支素质精良、结构合理、数量充足的师资队伍,其中结构合理是十分重要的,它包括年龄结构、学科结构、专业结构、学缘结构、权威结构等内容。在此过程中,培养一部分理论造诣较高的学术带头人和实践操作能力较强的双师型教师对于优化师资队伍结构具有重要价值。如果没有一定数量的学术带头人,至少说明高等院校的师资队伍结构是不尽合理的,也难以实现高水平的教育质量,培养高素质的人才,引领高等院校科学发展的目标。

(三)加强高等院校专业内涵建设需要学术带头人

高等院校必须抓专业内涵建设,必须拥有一定特色和办学水平的学科,这是学校事业发展的必然要求,而专业和学科建设必须要有一定数量和较高质量的学术带头人来引领,通过学术带头人的引领,才会形成充满生机的专业建设格局,才能推动学院工作的全面展开。古今中外学校发展的实践证明:能否培养并切实发挥高水平的学术带头人引领作用,对于形成有特色和水平的学科与专业具有决定性影响。

(四)提升高等院校社会形象需要学术带头人

高等教育不仅要培养人才,还要服务社会。因此,学院必须要有一个良好的社会形象。可以这样说,许多社会人士发掘和研究学校资源,往往是从一批乃至几个学术带头人身上开始的,是从这一点出发来判断学院的办学实力和水平的;而能否承担科研和社会服务项目,也需要学术带头人来支持、组织和带领,其作用毋庸置疑。正因为如此,学术带头人于虚于实、于名于真都非常重要。

由上述分析可见,在高等院校发展过程中,我们必须充分认识学术带头人的重要性,并花力气培育和造就一批高水平学术带头人,为高等学校专业建设、人才培养、科学研究和文化传承创新服务。

二、充分认识学术带头人在高等院校建设和发展中的积极作用

高水平学术带头人是学校的旗帜。一所学校拥有多少重量级的学术（科）带头人，不仅是推动学校学术发展和教育质量提高的重要力量和宝贵财富，更是学校改革创新、彰显魅力的关键所在。学术带头人在高等院校的作用主要体现在以下方面。

（一）组织作用

学术带头人眼光敏锐，能攻克难关，在学术研究中，能够起主导作用，能够被同行广泛认同。因此，他们在学术研究中组织或开展较大课题的研究，依靠自身的学术影响力对学校其他教师乃至整个学校科研工作的开展起着引导和影响作用。这种影响力和组织力在许多情况下是教育行政部门和学校党政领导无法代替的，充分重视并积极创造条件发挥学术带头人的这种作用，对一所高等院校来说是很有意义、价值的。

（二）示范作用

学术带头人是一个个体，是教师队伍的一员。由于其科研能力较强，科研成果丰厚，一般都会得到同行的广泛好评。他们进行学术研究的经验对其他教师有启迪和影响作用，也有借鉴作用；往往成为其他教师学习的榜样，他们的成果、成功、成就对同行一般都具有良好的示范作用。

（三）激励作用

学术带头人的作用和工作业绩往往成为其他教师新的工作参照目标，往往会提高其他教师的心理期待，促成其他教师的学术追求。在学术带头人的引领下，一部分上进心强的教师会感到上升的空间和追求的动力；一部分上进心欠缺的教师则会感到心理的压力，如何转化积极效应，往往也会成为积极向上的

因素，形成相互之间的"比、学、赶、帮、超"，带动整个教师队伍的提高、发展和成长，促进学校良好学风、教风、校风的形成。

（四）凝聚作用

一所成功或者说有成就的学校，一般都有一定数量的学科、专业和学术（科）带头人。在学术带头人的领导下，凝聚和吸引着一大批教学研究人员，形成相对比较合理的学术分工，组成学术梯队，往往以研究所、教研室或院系的形式出现，形成正面合力。如果没有一个学术带头人，就难以凝聚一批学界青年精英，相应学科的发展势必会受到影响。学术带头人的存在、培养和提高往往会带动一个学科乃至一个学科群的发展，其凝聚人心、凝聚力量的作用不可小觑。

由此可见，学术带头人无论何时何地均有重要作用，在高等院校更加具有举足轻重的影响。

三、认真研究高等院校学术带头人的素质要求

作为高等院校的学术带头人，既要有一般高校学术带头人共同的素质要求，也要有与高校特点相适应的特殊要求。总体而言，主要表现在以下方面。

（一）个人品德

学术带头人由教师中的高水平分子组成，首先必须具有良好的师德修养和内涵，要热爱祖国，热爱科学，忠于职守，为人师表。与此同时，学术带头人应有崇高的事业心和强烈的敬业精神，具有开拓创新的勇气和不怕困难、不怕失败、百折不挠的勇气，具有健全的人格和品德。此外，学术带头人还必须淡泊名利，立足奉献，具有为科学献身的精神、为事业奉献的精神、为团队牺牲的精神。

（二）专业水平

学术带头人，顾名思义，就是在某一领域具有较深的学术造诣，能够发挥

带头作用的人，因此，专业功底扎实是其最基本和最起码的素质。学术带头人必须对所从事的专业和学科方向有渊博的知识，对本学科前沿领域的发展有清晰的认识，同时也有深厚的基础理论和不断学习、积极进取的精神；有较强的科研水平与能力，能充分利用现代科学技术、方法进行学习、教学和科研。

（三）能力素质

对于学术带头人而言，创造性思维能力是最为重要的。当今时代是一个创新的时代，创新需要多种能力：第一，要善于思考，会"勤学、多思、常练，举一反三"。第二，要有发散性思维，发散性思维对符合原则又高于现实的创造性能力而言尤为重要。第三，要有与自己研究领域相关的特殊技能与能力，这是形成富有个性的科研特色所必需的能力，这种能力为他们攻克科研难题提供了可能和条件。第四，要有人际交往能力，这是一个专业带头人能够在工作中与他人合作，形成和谐的人际关系，组织形成科研团队的重要条件。

（四）心理素质

作为学术带头人，必然面临一般教师少有的心理压力。科研工作需要大量投入，但投入与成效没有正比关系，甚至投入未必有成效，理工科研究领域尤其如此。因此，作为学术带头人，必须性格开朗、心胸豁达，有稳定的情绪、积极的情感，能够在遇到外界变化和内心情感起伏时用理智控制情绪；身处顺境、取得成果时能戒骄戒躁，不断努力进取；反之，能百折不挠，充满乐观和自信，以坚强的毅力，努力争取最终的成功。

当然，学术带头人也是有层次的、相对的，正因为这样，对其素质和能力的要求，也是相对的。但需要指出的是，专业带头人毕竟是少数，因此，较高的综合素质是必需的。

四、影响高等院校学术带头人成长的因素

高等院校要形成和培育一大批学术带头人,较之普通本科院校特别是研究型大学而言,会面临更大的困难,这主要是内外环境因素影响决定的。

(一)自身因素

研究表明,影响学术带头人成长的自身因素主要有:成才动力、学习能力、个人习惯和个人品质。一是成才动力。学术带头人最大的敌人是自己的惰性、满足、自我原谅和自我开脱;最大的失败是大事做不来,小事不想做;最大的损失是等待明天、期待明天、期待下一次。二是学习能力。这是一个广义的概念,既包括从外部世界汲取营养,抓取机会和信念的能力;也包括在教学科研过程中自我反思、自我选择、自我调整、自我超越、自我提高的能力。三是个人习惯。这里的习惯既包括工作习惯,也包括生活习惯;既包括学习习惯,也包括科研习惯。克服不良习惯、形成良好习惯是学术带头人必须具备的条件,急于求成要不得,拖拉等待使不得,原谅自我不可得。无论是倾听、学习、思考、调研、写作等教育都应该有清晰的思维。科学的调节,合理的安排,最后形成持久的动力,循序推进,取得圆满的结果。四是个人品格。学术带头人的个人品格也会最终影响其成功与否。是否敬业,是否能够与人较愉快地合作,能否有奉献精神,能否建立良好的人际关系等,均非常重要。

(二)内部条件

学校内部也会有影响学术带头人成长和形成的若干因素,其中包括管理措施、学术环境、工作条件和激励机制等。一是管理措施。学校在师资队伍建设方面有没有制定切实可行且有力有效的管理措施,包括工作目标、政策导向、奖励措施、机会提供、条件创造等,它对学术带头人形成会有重要影响。二是学术环境。良好的微观(校内)学术环境,有利于学术群体形成宽松和谐的氛围,

有利于知识分子以良好的心态成才成长。特别是宽容尊重、鼓励创新、荐贤养能的风气，对教师学术带头人的成长更有意义。三是工作条件。一个单位和学校能否给予学术带头人必要的或者优厚的工资、生活条件，也会在一定程度上产生作用力。四是激励机制。从根本上讲，学术带头人的形成需要一个激励机制。在当今条件下，政策鼓励、舆论引导、经济奖励、考核激励也显得非常重要。

（三）外部因素

学术带头人的成长，除了个人自身和单位内部激励，社会环境也十分重要。这主要是：一是经济条件。国家有足够的财力来支持学术活动的开展，形成一批主要或专门从事学术研究的人才。二是社会条件。全社会形成尊重科学、尊重知识、尊重人才、尊重创造的意识和风尚，有利于学术带头人成长。三是文化条件。全社会民主化程度较高，它会为科学研究的开展形成良好的学术氛围，从而有利于学术带头人的成长。四是舆论条件。一定范围、一定状态下的舆论条件和宣传引领，对学术带头人培养机制的建立也具有重要的作用和巨大的推动力。

（四）特定环境

事实上，特定的环境对学术带头人的成长也起着重要作用，这主要有如下原因：一是工作单位性质和条件。如高校和科研院所比起在行政机关系统，学术影响就会大一些，因而更易影响和催生学术带头人。二是学科和专业发展机会。由于业务工作、教学工作开展的需要，形成了从事科研工作的必要性。某位教师一旦抓住机会，创造条件，久而久之，有可能成为学术带头人。三是大师引领。受大师人格魅力的影响，也会推动学术带头人梯队的快速成才和成长。四是其他偶然因素，如某教师做出一点并不大的成绩却受到重视和奖励，从此形成好的习惯，久而久之，产生了积极的效应等。

当然，学术活动既有偶然，也有必然，既有一般，也有特殊，学术带头人的形成也一样，更多的是必然和一般，但也不排斥偶然和特殊。

五、积极构建学术带头人培养机制

对于高等院校而言，推进学术带头人培养机制建设，既要遵循一般规律，更要发挥积极性、创造性，形成自身的特色。

（一）解放思想，更新观念，高度认识学术带头人对学校发展的积极作用

对于高等院校要不要培养带头人的问题，事实上还存在着不同的意见和声音。不同学校之间会有不同认识，同一学校不同领导人之间认识也不尽一致，高度更有差距，力度更有轻重，强度更值得讨论。作为一所高等院校，要快速实现办学升格、管理升级，要实现规范、办出水平，要提高质量、提升内涵，尤其是要办人民满意的教育，必须抓实专业、课程、办学条件、教风学风、师资队伍、图书信息资料等基本建设，尤其把师资队伍建设作为重中之重，花大力气，用大投入，筑大系统，而学术带头人是其要件之一。

（二）制定目标，工程推进，通过选拔、培养方式推动学术带头人队伍建设

对于一所学校而言，培养和造就一批专业带头人，首先要在统一认识的基础上，形成和制定明确的目标，即根据学院发展的不同阶段，提出不同的要求，找出相应的行动目标，特别是采用工程管理的方法加以实施和推进。

（三）重点扶持，建立机构，以鼓励奖励为主推动学术带头人的成长

学术带头人培养需要考核评价，需要建立竞争、激励乃至淘汰机制。但是学术研究毕竟是一项艰苦的工作，在当今人生观、世界观、价值观多元的情况下，比较科学有效的方法是应该实行精神激励和物质鼓励结合，政策扶持和考

核评价统一,即以鼓励为主,辅之一定的考核;以资助为主,辅之必要的评价;以创设条件为主,辅之相应的压力催生,从而为学术带头人的成长创造宽松的条件。

(四)优化环境,形成氛围,努力让学术带头人感到自豪和荣誉

学术带头人的工作是一项高强度的工作,往往不是一项立竿见影的工作,需要宽松的条件、宽容的态度、宽厚的氛围。一个单位尤其是单位的领导人,一定要尊重人的个性,倚重人的德能,注重人的发展。以人为本,尊重知识,尊重劳动,尊重创造;鼓励创新,允许试错,宽容失败,为学术带头人成长、发展和工作创造极好条件,崇尚和支持、鼓励学术带头人成名成家,使其不仅有荣誉感,而且有成就感、幸福感。这样,创新、创造和成果会源源不断,成长也会更加宽松。

第二节 高等院校青年教师队伍建设

一、青年教师成长目标:基于宏观的要求

青年是祖国的未来,也是高等教育的未来,在中国目前的人事管理体制下,科学设定人才的努力方向和培养目标,对于一个单位具有重要意义,这也是中国国情背景与西方国家国情背景的重要差别。国外体制的背景是,设定人才标准和规格,寻找人才;中国国情体制的背景是,努力培养适应标准和规格的人才。作为从事高等教育的师资队伍建设,尤其是青年教师培养,其宏观目标指向应该是以下方面。

(一)高扬师德旗

教师是人类灵魂的工程师,应该有良好的师德风范和职业道德规范。敬业

爱岗、忠诚学校、热爱学生，应该是教师的基本师德。自觉地按照社会主义核心价值的要求，用马克思主义中国化成果武装自己，坚定中国特色社会主义理论信念，弘扬爱国主义精神、民族精神和时代精神，模范遵守社会公德和教师职业道德规范，应该是其重要操守。

（二）过好教学关

教学是教师最基本的功夫，熟练把握课程教学，熟悉课堂教学技巧，熟知课外活动引领，应该是青年教师认真研究的重点，从某种意义上说，能否担负起一两门主要课程的教学工作，并在课堂上发挥较强的作用，应该是一个青年教师开展工作的最基本要求。

（三）练就科研功

人才培养、科学研究、社会服务是学校的三大功能，也应当是教师的三大职责，具体到个人身上会有不同的侧重。但对于一个青年教师来说，科研功夫和能力会是其成才成长成功成名的重要因素，从某种意义上说，它会起到重要和决定性作用，因此，应该修炼科学研究的方法、技巧、功底。

（四）提升育人力

教书和育人是人才培养的基本功夫，在一线教学中深化育人，在机关工作中推进育人，则是教师的重要使命。教书育人虽是一个整体，但也具有不同技巧和方法，作为育人的要求，也有其规律性可探，更有具体工作可做。学习青年学、心理学、社会学，掌握工作技巧和方法，则会起到事半功倍的效果。对于青年教师而言，直接从事班主任、辅导员等一线工作，也许更受锻炼、更有意义。

（五）形成服务能力

高等教育的特征是开放办学、校企合作，培养的人才应面向一线、联系实际。在这种情况下，青年教师既要在教学过程中与行业企业取得联系获得经验，也要在联系实际过程中形成服务的能力和水平，尤其是如何了解行业企业的发展变化、发展信息、发展资源，充分利用自身的知识、能力和素养，增强服务行业、企业的能力和水平，为行业、企业发展作贡献。

（六）修得发展果

每一名青年教师都应该努力从实际出发，结合自身的优势和特点，充分利用执教课程、从事专业的有利条件，形成并培育自己的特点，形成自己有特色的成果，在较快的时间内修得发展果，作为自己职场成功的胜利之果、幸福之果、甜蜜之果。

二、青年教师成长指向：基于微观的思考

在学校，青年教师是最为活跃的群体，也是最富生命力的群体，青年教师往往也是承担最繁重、最艰巨任务的群体，在培养阶段挑大梁，在成长过程中担重任是其基本特征。正因为这样，青年教师成长规律，具有以下特征。

（一）基本轨道

一年适应岗位：即利用一年左右的时间适应教书育人的岗位要求，做到适应环境，适应人文，适应教学。三年成为骨干：即利用三年左右的时间，能够在本校教书育人，并且在全部或某一方面发挥骨干教师的重要作用。五年成为尖子（五年顺利转岗）：利用五年左右的时间，成为本单位教书育人的尖子，即能够成为院、省乃至更高层次项目的主持人，或者顺利成为复合型岗位新工作的适应者。七年成为宝贝（七年担当重岗）：利用七年左右的时间，能修炼成为本单位教书育人、教学工作的中坚力量，在各项聘任中能成为各部门的首选，为师生所公认和爱戴。九年成就事业：利用大约九年的时间，成为本单位挑大梁的人才，从事教学工作功夫过硬，从事育人工作品格可靠，从事管理工作业绩过关，实现专业很精的发展或综合全面的成长。一生幸福平安：青年教

师德、智、体、美全面锻炼，德才兼备，为成为正品、争做佳品、力创极品打下良好基础，奠定一生良好发展、平安幸福的基石。

（二）基本要求

一是讲好一门课程并力争成为优质精品课程，这是青年教师必须顺利达到的标准，必须合格，争取优秀。二是带好一个班级并努力成为学风示范班级，这是青年教师育人工作水平的重要标志和体现，也是青年教师在教书育人岗位上立足的基点之一。三是形成一批成果并争取成为优质成果，这是青年教师多出成果，出好成果，尽快显出个人才华和业绩的优势，也是教师职场成功的主要标志之一。四是融入一个专业并尽快成为中坚力量，这是适应高校教育特点和要求，充分发挥青年教师作用和才能的重要途径和平台，也是青年教师进一步发展的基础。五是加入一个团队并努力成为骨干，这就要求青年教师融入集体，把握机会，并积极争取机遇，使自己在团队中发挥作用。六是结对一个企业并努力成为紧密型合作伙伴。这是青年教师适应高校教育特点和要求，加快理论联系实际，推进校企合作、工学结合的重要途径，也是青年教师拓展渠道、全面发展的条件和路径。

三、青年教师培养理念：基于宏观的设计

青年教师是中国高等教育现有教育工作的承担者，也是未来发展重任的担任者，应该加大培养力度，增加锻炼机会，拓宽使用渠道，当然，更应该有具体路径和发展设计。笔者认为，从高等教育教师要求看，重三历、强三化是最基本的。

（一）重"三历"

1. 企业经历。高等教育的要求，强调的是理论与实践相结合，培养的是高素质技能型专门人才，应用型、技能型、操作型是基本特征，因此，作为青年

教师尤其是专业课教师，其从事行业企业工作的经历是非常重要的，因为有经历才会有感受，有感受才会有感悟，有感悟才会促进教育教学。

2. 育人履历。育人是教师的基本功，也是教师的基本职责。育人实践会增进教师对学生的了解、理解和热爱，从而改进、优化和提升教学工作，促进教育教学水平的提高，从某种意义上说，也有利于解决教与育两张皮的矛盾。

3. 博士学历。博士学历既是一个要求，也是一个象征。它实际上要求教师具有扎实的理论修养和功能，具有较强的分析问题、解决问题的能力，较扎实的学术规范和基础，即深厚的基础积淀。只有这样，才能实现"要给学生一杯水，教师必须有一桶水"的要求。

（二）强"三化"

1. 职业化意识。教师必须有较强的适应专业特点的职业化意识，并有实践感知。

2. 信息化能力。当今社会是知识化、信息化时代，掌握信息化手段，学会信息化本领，既是教师从事教学工作的基本条件，也是教师与学生交流和获取知识信息的重要途径，从而成为教师的基本功。

3. 国际化视野。高等职业教育面向实际，接轨国际，培养的学生具有处理中国具体工作的能力并具有国际视野，应该是基本目标，这就要求青年教师学在前列，走在前列。

四、青年教师培养方法：基于微观的方案

建设一支素质精良、数量充足、结构合理、适应发展的青年教师队伍，既是各学校的具体任务，也是整个战线的工作要求；既是教育发展的要求，也是人才工作的重要内容，必须通过科学的方法加以推进，具体思路是：

（一）舆论引领

必须从舆论上加强对青年教师队伍建设重要性的认识，形成加快建设一支高素质青年教师队伍的舆论氛围，形成有利于青年教师早挑大梁、快速成长、脱颖而出的人文环境，鼓励和引领青年教师勇立时代潮头，勇担发展重任，勇做业务尖兵。

（二）工程推动

对青年教师的培养，无论是人事部门、党政部门、科技部门还是教育部门，都应该研究并争取有力有效措施加以推进，而对于各类学校而言，更应采取建设工程加以促进，用中老年教师结对培养青年教师的方法；青年教师国际化工程即鼓励青年教师强化外语能力以了解国际形势，提升教师双语教学能力和国际文化交流能力；又如青年教师博士化工程、资助青年教师攻读博士学历的方法等，实践证明这是非常有效的。

（三）组织培养

青年教师队伍培养既需要本人自觉和主动作为，也需要工程来推动和促进，同时也离不开组织部门有计划、有步骤地加以培养，划拨专项经费，建立专门组织，采用专门方法培养和造就。这既是组织人事部门的职责，也是教学科研工作部门的使命，更应该成为各单位党政主要领导的重要工作，必须认真加以落实。

（四）自我修炼

从本身意义上讲，青年教师的提高和成长，也应该是教师自己分内之事，如果没有教师的自觉和修炼，没有自身的热情和能力，外部的力量可能也是有限的，外因只有通过内因才起作用。激发青年教师的事业心和进取精神，应该是共同的责任和追求。

（五）考评促进

实践证明，建立科学有效的经济和考核机制，既是培养青年教师的有效路径和方法，也是青年教师培养的科学路径，在青年教师一线开展比、学、赶、帮、超活动与评比达标考核活动，一定会在很大程度上促进青年教师培养工作的有效开展。

（六）鼓励超越

从人文环境建设上说，我们应该打破论资排辈、按资历论贡献的传统做法，解放思想、开拓创新，积极创造条件，鼓励青年教师快速成才。为此，既要为青年教师常规发展铺路，也要为青年教师超越发展搭桥，更要为青年教师特别发展设专线，形成比学赶帮超、万马奔腾的繁荣局面。

第三节 高等院校师德教风建设

教育部和中国教科文卫体工会全国委员会于2011年颁布的《高等学校教师职业道德规范》从在校教师与国家、社会、学生之间的关系，以及教育教学行为、学术研究行为、社会道德责任等方面规范了高校教师的职业道德行为，提出了明确的倡导性要求和禁止性规定。这使得包括高等院校在内的全体高校教师有了统一的师德规范和行为准则。但由于高等教育在其人才培养目标和教育规律上具有特殊性，因而高等院校师德教风建设必须从实际出发，体现职业教育的特点。

一、高校师德教风研究现状分析

改革开放以来，市场经济的发展催生了许多新观念，极大地推动了教育领域的观念更新，加快了教育改革的步伐。与此同时，教师的思想观念和高校师德教风出现了一些值得研究和关注的新问题。

（一）关于高校师德教风建设的重要性

师德水平在全社会的道德建设中具有特别重要的地位，对学生的健康成长、全面发展具有特别重大的影响。在教师队伍建设过程中，要把师德建设放在首位，师德建设决定我国教师队伍建设的成败，也决定着我国整个教育事业发展和改革的成败。师德在教学中主要起着示范、激励、渗透作用，对学生思想品质的形成起着潜移默化的教育作用；良好的师德也是教师成长的前提和基础，是教师完善自我的巨大动力；师德是实现"以德治校"的重要保证，是实施素质教育的根本保证，是提高学校德育实效性、转变社会风气、提高教师素质的需要；师德有助于落实以生为本理念，促进大学生的全面和谐发展，有助于完善教师人格，促进教师的全面和谐发展，有助于促进学风建设和提升高校的科研水平，有助于优化人际关系与推进和谐大学的建设，有助于净化社会风气，提高社会的整体道德水平。

（二）关于师德内涵和师德规范

多数研究者认为，师德内涵主要有三个层次，即"学高为师——师德之基，身正为范——师德之本，热爱学生——师德之魂"。教育部部长周济曾提出"爱与责任——师德之魂"的新命题，第一次把"责任"摆到"师德之魂"的高度，认为"没有责任就办不好教育"[①]。也有研究者认为，社会主义荣辱观赋予了高校师德以新的时代内涵。对于高校师德规范提炼，研究者提出了"志存高远、爱国敬业，为人师表、教书育人，严谨笃学、与时俱进""爱岗敬业、关爱学生，刻苦钻研、严谨笃学，勇于创新、奋发进取，淡泊名利、志存高远""献身教育、敬业爱岗，以身作则、为人师表，严谨治学、教书育人，热爱学生、诲人不倦，团结协作、关心集体""以为学生服务为核心，以爱岗敬业为原则，以严谨治学、教书育人、为人师表、廉洁从教为基本要求"等不同主张。[②]

---

① 韩晓强，刘铁玲，舒晓红.教师文化素养与师资队伍建设[M].成都 电子科技大学出版社，2017.

② 周建松.高等职业院校人才队伍建设理论与实践[M].杭州：浙江工商大学出版社，2014.

（三）关于高校师德教风的现状

多数研究者认为，高校师德状况主流是好的，多数高校教师的师德表现受到了广大学生的肯定。但是，部分教师的师德还存在一些问题，主要表现为敬业精神不强，育人意识淡薄，师表作用不彰；个人主义思想严重，奉献精神不够，科学作风不实，协作精神欠缺；学术腐败现象时有发生，只"教书"不"育人"，师生关系趋于冷漠；理想目标弱化，敬业精神欠缺，学术浮躁功利；价值取向的多元和功利倾向较明显，轻思想、淡政治、重利益、求实惠的现象较突出，其行为与职业要求的教书育人相背离；缺乏应有的事业心、责任感。

（四）关于高校师德教风问题的成因

有人认为，对教师评价不当引起教师对待教学的功利性思想、教学态度浮躁、敬业精神不足和失衡的价值判断。有人认为，社会变革中的观念冲撞以及行业竞争加剧是导致教师职业道德失范的社会根源，教师教育的缺失是导致教师职业道德失范的重要原因，单一偏化的教学、评价和管理制度是滋生教师职业道德失范的温床，教师个人的道德素养、职业能力、心理健康水平、人格特征是职业道德失范形成的内在原因。有人从主客观两方面进行分析，指出影响师德的主观因素包括道德价值取向功利和实用、道德价值主体出现偏移、在道德认识上出现多样化、高校专业分工过细等，客观因素包括社会整体道德下滑的影响、传统道德价值观念张力的削弱、目前道德体系在社会运行机制中的"调节器"功能在某种情况下"失灵"、发展社会主义市场经济的影响、社会尊师重教的风气淡化等。

（五）关于解决高校师德教风存在问题的对策

有研究者提出，要把以切实解决好机制问题作为加强师德建设的突破口，要从教育、运行、约束、激励、保障5个方面建立健全机制。有人认为，要依据师德内涵所蕴含的目标和师德行为的动机与效果，坚持系统性、代表性、可比性和可操作性原则，根据一般标准和具体标准来构建高校师德评价的指标体系。有人从师德教育与师德宣传、机制制度建设、校内外文化舆论环境、教师自身修养等方面提出相应的对策与建议。还有研究者提出了"五个着力点"，即理论武装——加强学习以明师德，舆论引导——掌握动态以正师德，文化熏陶——营造氛围以扬师德，规范约束——完善制度以律师德，利益保障——关心教师以促师德，等等。

从众多文献研究来看，高校师德建设研究越来越受到重视，成果也很多。但针对当前高校依然存在的突出的师德问题这一现状，高校师德师风建设研究尚有诸多须深化和拓展之处，主要有：师德师风调查不够广泛深入，只有较少一部分研究者进行了社会调查并从调查结果中分析和把握高校师德问题的现状。对高校师德及师德建设的内涵挖掘不够，缺乏对传统文化中优秀师德的挖掘和梳理，缺乏对传统与现代、中国与西方的师德观的比较研究与批判继承。一些研究者只是简单地将普遍意义上的师德内涵及规范套用在高校教师身上，而没有对高校教师的职业性质和职业特点、高校教师职业道德要求、高校教师师德建设的基本理念等问题进行深层次的理论分析。研究不够全面深入，往往就现象研究现象，对师德及师德建设现状的研究等同于对存在问题的研究，对师德优良的一面和师德建设的成就研究不够充分，定性研究较少且描述不够准确。对高校师德考评体系和运行机制的研究不充分，即使有研究者提出师德建设要加强考评机制、宣传机制、监督机制、培养机制等建设，但大多比较概括，缺乏可操作性。缺乏对教师群体的分层细化研究，针对性和指导性不强，对不同教师群体如青年教师群体的特殊性研究不够。

二、高等教育实际需要教师更富于爱心和责任心

（一）高等人才培养目标要求教师强调爱生

教师的工作对象是有血有肉、有情感、有意识的人，热爱学生是教师所特有的职业情感和道德义务，是良好师生关系建立和发展的坚实基础。爱护学生的情怀不同于一般的人与人之间的情感，它来源于教师对教育事业的深刻理解和高度的责任感，来源于对教育对象的正确认识、满腔热情和无限期望。热爱学生，就是要了解和理解学生，尊重和信任学生，严格要求学生，客观公正地对待学生，关心学生的思想、学业和生活。

（二）高校师资队伍现状要求教师增强教书育人责任

根据调查了解，部分教师工作责任心不强，存在与高等教育要求不相适应之处。如有的教师在教学上精力、时间投入不足，备课不认真，照本宣科；授课随意，讲到哪儿算哪儿，随意更改教学安排；陶醉于自我讲授而与学生互动不够，全然不管下面学生有没有在听讲；对学生课堂纪律要求不严，对学生不良行为表现放任自流，疏于管教；与学生交流少，没有把教书与育人很好联系起来，上完课后基本上不与学生接触，等等。高等院校教师对教学要抱以更大的热情和对学生的更多关爱，悉心指导和帮助学生完成学业，使之成长为高素质的应用型人才。

（三）高等院校科研状况要求教师强化学术能力

科学研究也是高等教育的重要职能之一，学术水平对高等教育的质量提升和教师素质的提高具有毋庸置疑的重要影响。对此，高等教育界已形成共识，这些年各高等院校也在着力开展。但必须看到，高等院校的学术氛围、学术团队、学术研究水平，以及学术成果等状况依然薄弱。教师科研能力的提高面临着一些困难，如学科性研究缺乏本科院校那样与教学内容比较一致的学术背景，深

化拓展不易；高等教育研究作为新的研究领域尚未确立成熟的研究范式和深厚的资料积累；教师特别是年轻教师深感教学任务重，科研压力大，缺乏学术引路人指导、学术团队依托和学术思想交流平台，高层次课题和研究项目获取难，缺少学术素养积淀和职业业务实践经验，等等。在强化科研工作，着力提高学术能力，争取早出成果、多出成果的目标下，要求教师摒弃学风浮躁、治学不够严谨现象，恪守学术规范，尊重他人劳动和学术成果，坚决抵制学术失范和学术不端行为显得尤为重要。

三、实施高等院校师德教风提升工程

师德素养的提升离不开教师对加强师德修养的重要性正确认识和对师德规范的自觉自愿履行，但师德师风建设并非一朝一夕就能见成效的，必须建立长效机制和切实可行的载体。实施师德提升工程是高等院校师德师风建设开展的必经路径。

（一）加强师德规范教育学习，崇尚师德修养

通过多种形式深入学习《高等学校教师职业道德规范》，促使广大教师全面理解规范的基本内容，使师德规范成为广大教师普遍认同和自觉践行的行为准则。将学习师德规范纳入教师培训计划、教师传帮带"竹篮工程"，作为新教师岗前培训和教师在职培训的重要内容。通过岗位培训、职业道德教育、教育法、教师法等相关知识的学习，采取集中学习与日常工作相结合、师德师风教育与业务活动相结合等不同方式，不断增强广大教师的理论素养和职业教育认同感。通过师德师风的典型宣传，挖掘在岗教师在师德师风方面的先进事迹、感人故事，注重用身边的人和事带动人、影响人、教育人、鼓舞人，使教师明确自己的工作职责和任务，自觉把更多的精力投入教书育人的工作中来。

教育学习只是手段和途径,提高思想认识,形成稳固的注重师德修养的思维习惯、自觉按师德的要求行事才是关键和根本目的。因此,要着力引导教师自觉践行社会主义核心价值体系,崇尚师德修养,弘扬高尚师德,增强教书育人的责任感和使命感,确立奉献教育、关爱学生,在高校教育岗位建功立业的理想追求,忠诚于党的教育事业,恪守教师职业道德和学术道德,力行"爱国守法、敬业爱生、教书育人、严谨治学、为人师表、服务社会"的师德规范。以强烈的道德责任感维护道德的严肃性和正义性,以高尚的道德情操和崇高的精神境界去感化学生的心灵。全身心地投入教学与科研,做到率先垂范、言传身教,以良好的工作作风去影响学生的学风,以学识和人格魅力去感染并教育学生。

(二)建立健全师德教风考核评价制度

职业道德具有行政约束性、纪律性,提升教师职业道德素质需要教师自觉修行,而且离不开制度约束。学校应结合高等院校实际和高等教育发展规律和特殊要求,制定规范实施细则和师德师风考核评价制度,作为教师必须遵守的行为指南。将师德纳入教师考核评价体系,并作为教师绩效评价、聘任(聘用),以及各级各类评优奖励的首要标准,严格执行"一票否决制",将规范作为师德考核的基本要求,结合教学科研日常管理和教师年度考核、聘期考核全面评价师德表现。及时发现和纠正教师中存在的师德师风问题,对师德表现不佳的,及时劝诫、督促整改;对师德表现失范,严重损害人民教师的职业声誉,造成不良后果的,依法依规予以严肃处理。表彰激励先进模范,对师德表现突出的,予以重点培养、大力宣传和表彰奖励,激励广大教师自觉遵守师德规范,树立高校教师良好职业形象。

(三)构建师德教风建设协同机制

师德素质与教师职业行为紧密相关,体现在教书育人、学术研究、社会服务工作的方方面面和全过程，师德师风建设还必须与学校各项工作相结合，构建各种类型协同机制。如建立校系（院）两级师德师风建设工作机制，成立领导小组，开展师德师风调查研究、师德风险检查评估、师德教育活动，了解教师的思想、工作和生活状况，听取师生意见建议，及时研究解决问题，制定落实相关措施以改正和加强。充分利用现代信息技术，构建网络交流互动平台，倡导教师与领导、教师与教师、教师与学生及时进行沟通、交流和反馈。持续实施老年教师、辅导员"青蓝工程"，细化"青蓝工程"实施办法和考核评比方式，让优秀老教师的人格魅力和师德素养潜移默化地影响和带动青年教师。提倡新老教师加强思想沟通和业务交流，鼓励青年教师钻研教学艺术，提高教书育人的责任心和教学能力，完善教学督导机制，加强课堂教学质量评估和教风评价，将师德评定结果纳入教师业务考核，并与年度业绩津贴直接挂钩，作为岗位聘任、技术职务晋升和奖惩的依据。注重对备课、教案撰写、课堂授课、作业批改、考试组织、学生论文和社会调查指导等教学工作各环节与过程，以及学术、科研中师风状况和师德表现的考察评价，探索师德师风量化考核指标体系建设，拓宽师德师风评价渠道。开展以师德为主题的教育、校园文化品牌建设，倡导崇尚师德修养文化，营造"以人为本"的人文环境。关心教师工作和生活，维护教师切身权益，满足教师发展需求，为教师创造"多用武之地，少后顾之忧"的工作条件。积极营造良好的师德教风建设氛围，为教师在教书育人、教学科研等方面建立健康向上的上下级关系、同事关系、师生关系，培养教师的主人翁意识、大局意识和责任心，促使教师在学校事业发展中成就自我。

第三章　教师队伍的自身建设

教师队伍自身建设包含着一系列理论与实验问题，如教师的内涵：身份、定位与角色认同；信念、态度、行为；专业精神内涵：职业道德建设；教师理论自觉。教师队伍建设存在的问题及"教学做合一"模式的运用等，都是教师队伍自身建设需要关注的问题。

第一节　教师角色定位的理论认同

一、教师教育者的内涵

"教师教育者"这一名词是一个舶来品。其对应的英文名称为 teacher educator。"教师教育者"与"教师教育"概念的提出密切相关。20世纪30年代后，发达国家的"师范教育"（normal education）概念逐渐被"教师教育"（teacher education）取代并成为国际通用的概念。教师教育者泛指所有旨在培养或培训教师的人员，即教师的教师。广义的教师教育者主要包括基础教育机构中的教师教育者，也包括教师教育机构中的教师教育者。狭义的教师教育者仅指高等教师教育机构中的教师教育者。

（一）基础教育机构中的教师教育者师范生

是指教育实习的中小学教师以及指导新手教师的有经验的中小学教师（"师徒制"中所谓的"师傅"）。这一类教师教育者在西方国家被称为 school-based teacher educator, teacher of teacher, cooperating teacher 或者 mentor。在西方国家，指导职前教师实习的中小学教师往往被视为是教师教育者。拜伦等人采用质的研究方法研究课堂教师对教师教育者的角色认同，发现大学与中小学合作关系的密切程度影响到课堂教师对教师教育者的定义。那些曾经有指导职前教师经历的课堂教师更倾向于把自己视为教师教育者。基础教育机构中的教师教育者人数多、质量参差不齐、身份模糊。但他们具有较强的教育实践能力和丰富的教育教学实践经验，往往被称为实践的教师教育者。与之相对应的是理论的教师教育者，即教师教育机构中的教师教育者。

（二）教师教育机构中的教师教育者

教师教育机构中的教师教育者包括高等教育机构中培养师范生的大学教师、中等师范学校中的教师以及教师进修机构中的教师。狭义的教师教育者指高等教师教育机构中与培养师范生相关的大学教师，包括传统意义上教育学、心理学以及学科教学法的大学老师。高等教师教育机构中的教师教育者在国内外却存在着差异。具体表现为：①在我国，这类教师教育者主要是由获得博士学位的人担任，这些人往往没有从事中小学教学的经历，甚至很多没有学科专业背景，因此与其将这类人员称为教师教育者，不如将其称为教师教育研究者。②在欧美国家，这种类型的教师教育者往往在中小学任教多年后，通过获得教育硕士学位或者教育博士学位进入教师教育机构，从而成为教师教育者，他们从中小学进入高等教师教育机构后，主要关注的是研究。当然也存在一些类似于中国的纯学术的教师教育（研究）者。

二、教师教育者模糊的身份认同

教师教育者的身份认同就是教师教育者对"我是谁"的理性思考。目前教师教育研究领域关于教师教育者身份认同的研究表明，教师教育者的身份认同没有达成共识。大体上有如下几种观点：①教师教育者包括教育学、心理学、课程教学法的老师。②除了教育学、心理学、课程教学法的老师，还包括各相关学科（如中文教育、数学教育等）的大学老师。③除了上文中的老师，还包括所有与"人"相关学科的老师，比如教授礼仪课、哲学课等方面的老师。④所有涉及培养或培训教师的大学老师都是教师教育者——这是最广泛意义上的教师教育者。

教师教育者身份认同模糊的原因有很多，由于教师教育大学化的趋势和教师教育者在高等教育领域的地位不高是其两个重要原因。因此，很多教授呼吁通过制度建设等措施提高教师教育者的地位，认为教师教育学科建设的内容之一是教师教育者的身份确立。在大学专业学院里设立教师教育教授席位。只有在教师教育教授席位设立的条件下，教师教育的人才培养、课程设置、科学研究等才会走向专业化。培养专业化教师需要有专业化的教师教育者，而教师教育教授席位应该是专业化的标志之一。国外学者则认为教师教育者需要进行自我研究来实现自己的教师教育者身份认同。自我研究是教师教育者角色转变、实现教师教育者身份认同的途径之一，即通过加强教师教育的学术研究水平来提高教师教育者的地位。因为教师教育者作为大学教师的一员，学术研究水平的高低成为衡量其社会地位高低的重要标志。

三、教师教育者的角色

教师教育者模糊的身份认同的一个重要原因在于教师教育者角色的模糊。那么何为角色？何为教师教育者的角色？在《辞海》中，"角色"有两个含义：①指戏剧、影视剧中的人物。②"社会角色"的简称，指"与人的社会地位相联系并按规定执行的行为模式。社会学将其定义为社会地位的行动和动态表现。社会心理学将其定义为通过交往活动中一系列具有一定模式的学习而得来的行动。二者对此词理解和定义尽管有所区别，但皆用角色概念来指明社会中的人际关系"。教师教育者的角色是指教师教育者作为一名专业人员应该在教师教育工作中具备的功能，是教师教育者社会人际关系的具体体现。基于西方学者的研究以及美国教师教育者协会颁布的教师教育者标准，教师教育者至少应该扮演以下三种角色，即教师教育者是教师教育知识的生产者、教师专业生产的引领者以及教师教育文化的推动者。

（一）教师教育者是教师教育知识的生产者

教学、科研和社会服务是大学的三大功能，其中科研便是知识生产的活动，大学教师从事科研就是为了进行知识的生产。教师教育者作为大学教师队伍的一个特殊群体，他们的一个重要功能就是教师教育知识的生产。美国的教师教育者专业标准明确提出教师教育者要在"从事探究与学术研究，扩充教师教育的知识基础上"，要"在课程内容、专业知识、专业技能、专业品格、反思性研究、熟练掌握技术和评估以及接受最佳实践方面做出教学表率"，而且在项目发展中，要"在开发具有缜密的、相关的、具有深厚理论基础的研究和实践方面扮演领导角色"，并且要致力于提高教师教育专业的水平。教师教育者关于知识的生产方面，一个重要的工作是把教师教学存在的隐性知识显性化，能够把实践性经验提升到理论高度，在这些方面为教师示范。教师教育者在实践性知识（学习材科、课程）和理论本质知识方面（研究，在专业杂志发表的论文）要成为生产者。教学知识一方面是为了教师教育和学校以新课程形式而产生的实践性知识，另一方面是从研究中产生理论性知识。

（二）教师教育者是教师专业发展的引领者

教师专业发展是指教师由非专业人员逐渐成为专业人员的过程。教师专业发展是教师的专业成长或教师内在专业结构不断更新、演进和丰富的过程。根据教师专业结构，教师专业发展可有观念、知识、能力、专业态度和动机、自我专业发展需要意识等不同侧面；根据教师专业结构发展水平，教师专业发展可有不同等级。教师教育者对教师专业发展的引领主要是指教师教育者为教师的观念、知识、能力、专业态度和动机、自我专业发展需要意识提供支持和帮助。教师教育者除了要熟悉师范生的教学情景，与教师、专家教师和学校管理者保持联系，还要与外部保持良好的沟通，包括高等教育机构、政策制定者。教师教育者要参与帮助提高师范生发展团队成员的合作能力，要在协调师范生、指导老师和大学教师教育者三者之间关系方面做出表率。

（三）教师教育者是教师教育文化的推动者

教师教育文化是指教师教育领域所有物质和精神财富的综合，既包括教师教育的物质文化，也包括教师教育领域中的世界观、人生观、价值观等具有意识形态性质的部分。教师教育领域的公正、民主、多元等价值观就属于教师教育文化的重要组成部分。教师教育者要"致力于文化胜任力，促进教师教育领域的社会公正"。在文化多样的社会里，学生的家庭背景、种族、信仰等社会文化方面存在着多样化的特点，因此，教师要了解学生的这些文化差异，必须在课程安排、教学、辅导等教育教学过程中做出适当的处理。而在教师教育过程中，教师教育者需要与未来的教师分享这些理念，即针对不同文化背景的孩子应该做出何种处理方式。在我国，不同民族、不同地区的文化存在差异，教师教育者在教师教育过程中应该注意到这些差异，从而让教师意识到文化差异对学生的影响。另外，教师教育者应该指导教师形成一种健康的、积极的文化观，因为教师作为推动社会发展的重要成员，往往是社会积极文化的传播者。

四、教师信念的构建

关于信念的研究涉及哲学、心理学、社会学和人类学等多个领域。语文学上一般认为，信念是自己认为可以确信的观念和看法。哲学上认为，信念是人们对某种观点、原则和理想等形成的内心的真挚信仰。心理学则认为，信念通常跟情感和意志融合在一起，并在很大程度上影响个体的态度和行为方式。信念的几个典型维度，包括认知维度、判断取向、情感维度、情感－认知－评价混合取向等方面。即信念与人的认知、主观判断、评价、情感、态度、行为倾向等密切相关，是人们对某一事物或观点所持的较为稳定与持久的看法与认识，人们总是倾向于从自己的信念出发去观察周围的事物，并做出判断以及采取行动。信念也是行动前的倾向，影响着个人的态度，进而形成一种意向影响行为，行为的结果得到回馈信息，个人又据此修改其信念而不断循环。教师信念是教师自己确认并信奉的有关人、自然、社会和教育教学等方面的思想、观点和假设，主要包括教师对学校组织、教师角色、教育教学、学生成长、自我发展的信念，通过教师的态度来反映并潜移默化地影响教师的教育实践。树立教师的信念是构建教师文化的重要前提和出发点，对教师的态度与行为具有深远影响。

教师文化通常表现为无意识的、显性的规范意识、知识、技能和行为规则，同时也会涉及无意识的、隐性的信念、情感、习惯的多层构造。从教师的一言一行中便能感受到弥漫于教师群体中的与众不同的生活气息和工作氛围，也能窥见教师的信念。然而，并非教师所有的信念都是积极的或正面的。教师信念的发展要受到教师从教后的教育实践、所处的社会环境条件、教师群体间的文化特质以及自身知识储备等因素的影响。当教师文化的核心价值观内化于教师的信念，使得教师的个人价值的追求与教师集体发展目标的实现相结合，教师文化就会对教师专业发展产生引领作用。从某种意义上说，教师专业发展就是信念的确立、改变或放弃。教师文化构建的成效，更多地体现在信念的培育，更多地强调教师的自觉与自律。信念的培育不能通过说教和灌输的方式来形成，而是潜移默化地进入教师的心灵和生活。

此外，教师工作本身的复杂性、创造性、生成性以及教育效果的滞后性、内隐性，也影响着社会对教师专业不可替代性的认识。另一个影响教师信念形成的因素是教师专业匮乏，导致教师不能自觉地把外在责任与义务转变成内在动力，不能自觉地对所从事的教育实践活动展开自我反思，很多教师仅仅满足于充当"教书匠"的角色，创新意识薄弱，研究能力欠缺，自我成长的热情与动力低迷，形成了一种被动适应的教师文化。因此，只有着力于信念，才能促进教师专业精神和态度的培育，促成教师专业自觉的养成。教师的信念是教师专业发展的原动力，表现为教师在教育教学中对专业的忠诚，对事业的使命感，对工作的责任心，对专业发展的追求，对专业道德的坚守，对职业的奉献。教师信念引领教师树立坚定的理想和价值观、强烈的职业意识和奉献精神，实现教师在心理和文化上积极的专业认同，使教师在职业生涯不同阶段都能得到可持续的专业发展。

（一）改变教师态度是构建教师文化的切入点

态度是个体对特定对象做出反应时所持的带有评价性的心理倾向，包含认知、情感和行为倾向三个元素，认知是情感的基础，情感能够导致行为结果。态度影响个体对行为的选择，使得某种行为的出现成为可能。态度源于信念，同时，态度也能够反作用于信念，影响信念的确立和转变。事实上，信念尽管影响甚至决定态度，却只有通过态度才能得以体现。态度更具体，往往指向一种特殊的对象或情境，信念则比较抽象，超越具体事物而涉及行动的标准和目的。态度和信念都可改变，相比之下，态度更易改变。教师的态度包括教师对学生、工作、同事和自身发展的心理倾向，改变教师态度可以作为构建教师文化的切入点和着眼点，以态度的改变来推动教师信念内化为教师的行为。

从变化这个视角来看，态度与文化存在更多共性。"文化"内在地蕴含着转变意图和态度之意。而且从语义的角度分析，"文化"一词本身就含有态度转变之意。"文化"是古已有之的汉语词汇。"文"与"化"各有其意义，并联使用较早见于战国末年儒生编辑的《周易·贲卦·彖传》："天文也。文明以止，人文也。观乎天文，以察时变；观乎人文，以化成天下。""人文"与"化成天下"紧密联系，"以文教化"的意义已十分明显。西汉以后，"文"与"化"并提，"以文教化"成为"文化"的重要含义，与武力征服相对应，意指性情的陶冶、品德的教养，强调内在的改变。有学者认为，教育改革的过程在很大程度上是改变态度和价值观的过程。可以说，教师文化构建就是在确立信念的基础上转变教师现有的不适应学校发展的态度，并随着态度的更新产生持久的行为倾向。

信念是无形的，不管教师是否意识到，教师信念都在通过态度影响教师的行动。一般来说，教师对自己工作的满意度、对学校的认可度，与他们教育教学行为的激情和创新呈正相关。态度转变复杂而艰巨，依赖于教师文化构建中所采取的具体而有效的策略。建立在开放、互信、互助基础上的教师文化是教师信念的最高境界，能从根本上促进教师的专业发展。因此，教师文化建构的一个重要方面就是要建立起合作与对话的环境和氛围，形成民主平等的教师关系、团结协作的同事关系，以及尊重信任的上下级关系。教师文化构建过程中还应重视教师的自主意识和民主权利，使其通过积极参与获得正向的情感体验，并自觉将此情感渗透于日常的教育教学关系。如，教师可以通过参与小组决策和讨论，孕育集体自主意识，建立协作关系，从而推动教师真正参与学校生活，并有信心去推动学校教学改革和教育质量的提升。通过教师间的相互学习、交流、支持与激励，通过平等的对话、沟通、协商，使教师对教育教学的认识逐渐发生改变，进而用新的认识支撑起新的态度，最终促使教师认识、理解并认同教师文化，并内化为自觉的行为。同时，教师也应不断审视、反思和更新态度，转变那些不正确的、不合理的甚至消极的态度。而教师文化的作用力又能产生反作用，尤其是当教师的态度与教师的信念相一致时，会推进教师文化的构建。

（二）内化教师行为是构建教师文化的落脚点

行为是一个多学科研究的命题。哲学上认为行为是人们日常生活中所表现的一切活动。心理学不同派别对行为有不同的定义。综合来看，行为是人们在价值观念影响下表现出来的外在活动。行为是与信念和态度密切相关的概念。态度反映信念指导下的行为或活动对个体的意义或价值，而这种意义或价值通过态度指导下的行为来实现，当然，行为也能影响态度的变化。

教师文化基于教师的信念，由内而外展现，最终落实在教师的专业态度和教育教学行为上。教师行为是教师信念与教师态度的动态表现，是衡量教师文化建设成效的标尺，也是学校精神与价值观的折射。教师的行为包括语言运用、教学方法使用、情感表达、师生互动、同事交往等，可以概括为教学行为、育人行为、专业发展行为，体现出教师对职责履行的态度。教师文化构建需把握信念、态度和行为的相互关系，致力于转变教师教学行为，更新教学理念；优化教师育人行为，提升教师专业品质；关注教师专业发展行为，促进教师专业持续提升。具体而言，教师应改变传统的教学行为，在教学活动中尊重学生的个体差异，强调师生之间、学生之间的互动与交流，培养学生独立思考与主动探究的能力，激发学生的学习兴趣，引导学生树立科学的学习观；教师应具备良好的道德修养，为人师表，以育人为本，关心爱护学生，公平对待学生，重视学生的全面发展，为学生创设良好的环境和条件；在教师专业发展过程中，树立专业自主意识，注重专业知识的更新与积累，强调相关学科的支撑和渗透，通过同伴互助、叙事探究、情境学习等方式，提升教育教学研究水平，形成具有理念指导的行为风格。

尽管态度对人的行为产生影响，但行为主体还受制于外部环境，并依据自己的信念对外在的行为规范进行选择和整合，最终内化为个体的自觉意识。行为规范如果不能得以内化，文化的影响力就会折损。有研究认为，教师的要求、愿望、意志与学校制度产生冲突和困惑，以及对于这些冲突和困惑的解决与妥协，可视作教师所特有的感情、思考、行为的表现形式，并生成一种特有的文化。教师文化建设的过程也是教师管理制度不断调整、不断完善的过程。孔子所说的"内仁外礼"，"仁"是内在的道德自觉，重自律；"礼"是外在的规范和制度，重他律。仁义的内化体现为道德行为。只有积淀和贯通"仁"的"礼"才不停留于外部的规章制度。因此，学校教师管理制度的真正旨意应该是使文化深入教师的心灵，成为教师的共同追求。行为规范的内化需要一个过程，从点滴做起，由不自觉到自觉，变"压力"为"动力"，教师行为才能超越制度本身而达到文化自觉，教师便不再局限于只是被告知怎么做的执行者，而是成为主动参与者和创造者，不仅知道如何做正确的事，还能知道如何正确地做事。

五、信念、态度和行为三者之间的协同作用

教育本质上就是"一种基于信念的行为"。信念也就必然成为教师文化的核心与灵魂，决定着教师文化的性质与方向，影响着教师的态度与行为。教师文化只有真正化为教师的信念与态度，方能通过教师的行为自然流露。由此，教师的行为不仅仅是教师个体与态度的外显，更可视作教师文化的彰显。构建教师文化，离不开信念、态度、行为三者的协同作用。而三者不仅仅充当文化的必要组成部分，更能对教师文化的架构起逻辑性梳理的作用。

文化要素包含人工饰物、价值观和基本假设三个相互作用的层次。其中，人工饰物是最显性的文化层次，包括建筑、语言、技术和产品、艺术品、仪式及庆典等。价值观包括组织成员共享的策略、目标和哲学，体现在成员的基本价值上，这个层次的文化是有意识的。基本假设是最隐蔽的文化层次，内化为组织成员无意识的、想当然、不容争辩的信仰、观点、思想和感觉，很难被观察到，它们是一切行为和价值。由信念、价值观、规范、行为四种要素（层次）

所组成的文化互动模式，涵盖了教师文化的真谛。其中，信念是中心要素，也是最深层次的，包括没有明言的假设和理解。信念逐级往下影响，而价值观、规范和行为的交互影响也会反作用于信念。同时整个模型和外界也是互动的。

教师文化可以理解为教师的信念、态度、行为的总和。但教师文化首先体现为一种信念，即教师对于人性、社会关系、教育教学、学生成长、自我发展等的假设，它是无形的，却是态度和行为的终极来源和心理动力。教师的态度处于"信念－态度－行为"结构的关键联结点，是隐性的信念与显性的行为互动的中介。而教师的行为是外显的，易于观察，我们可以看到行为的结果，但通常不能看到行为背后的驱动力，通过教师表露的行为，可推断教师所持有的教育态度，进而可追溯教师所确立的教育信念。从文化的存在形式来看，教师的信念属于教师文化中的隐性层面，而教师的行为处于显性层面，教师的态度则是沟通信念和行为的桥梁。信念通过态度指导行为，行为通过态度反映信念，使隐性文化显性化，显性文化隐性化，相互渗透、相互支撑，促进教师文化的构建与确立。

把握教师的信念、态度、行为三者之间的关系，是审视与剖析教师文化构建机制的一把钥匙。检验教师文化是否最终形成，关键要看教师信念是否确立，并体现为信念引领下积极的工作态度以及与态度相对应的外在行为方式。教师文化构建应重在确立教师的崇高信念，形成教师的积极态度，并最终内化为教师的自觉行为。

第二节　教师使命的内涵及特征

教师是教育实践的主体，必须以实现教育的终极价值为己任。教育的终极价值是帮助和促进人的精神的全面发展，促进心灵的丰盈和健全。教师必须具有教育的良知，知道培养什么人，怎样培养人，知道用什么教育资源去实现人才培养目标。教师必须是文明社会的促进者，文化崇高精神的保护者，优秀人性的培育者，社会进步的推动者。知识的传授、道德行为的训练、能力的发展、习惯的养成，都是为了实现精神人格的健全的发展，使德智体美劳成为人才必须全面具备的品格。因此，深刻理解教师的使命内涵极为重要，它是教师自身建设的重要课题。

"什么样的教师才是好教师？"这是全球教育改革，尤其是教师教育改革关注的焦点。从外在的教师职业技能关注转向对教师内在的自我、教师的专业精神的探查，才能找到教师使命的本质。"教师使命"作为教师专业精神最核心的层次，国内外学者都做了深入的理论探讨，而从"使命"的内涵入手，较深入地探讨教师使命的内涵及特征，厘清其概念内涵，才是教师自身建设必须解决的理论难题。

一、中外"使命"概念的内涵差异

使命，《辞海》中有三种解释：①使者所奉之命令。《北史·魏收传》："李谐、卢元明首通使命，二人才器并为邻国所重。"②奉命出使之意。《宋史·田景咸传》："每使命至，唯设肉一器，宾主共食。"③任务。在现代汉语中指"派人办事的命令，多比喻重大的责任"。而英语词典中"使命"一词为"calling"和"mission"，含义为"task""duty"，有"责任""任务、命令"等意义，另有"代表团""传教""（神的）感召""天职"之意。结合中西方文化背景，仔细推敲和比较之后，发现"使命"在中英文理解上有极大的差异，主要体现在如下三点。

一是主体动力上：被动性与主动性之别。现代汉语中，"使命"多为"命令""任务"。所谓的职务、责任或任务，更多是"被给予的"，即多为国家、社会、组织、团体等外部力量赋予、给予个体的某种责任。因此，在个体与外部的关联中，个体处于"奉""接受""肩负""牢记"的状态，多处于被动。而从英文 mission —"a particular task or duty which you feel that you should do"释义上理解，"feel""should""feeling"等词含有主体的"感知"、"认同"和"感觉"之意，calling—a strong inner impulse toward a particular course of action" 直接指出含有内在的驱动力，体现主体的自觉性和能动性，可以理解为主体主动的"自我赋予"。

二是意义指向上：外向与内向之异。汉语中的"使命"是国家或团体等外部力量赋予个体的某种任务或者责任，需要主体去实现、去完成，这种意义的指向上是外在的，是为了外部的某种有形的利或无形的名。而英文 calling mission，都是与宗教紧密相关的词。例如，calling 含有"蒙召""感召""呼召"的意义，是指"上帝"所指示的方向。在不同的文化中，类似的呼唤既可以来自不同的神，也可以来自遥远的祖先。这是对上帝、神的坚定信仰，是一种神圣的自我救赎，可以说这种"呼召"多数来自信仰者内心。主体不是为了外在实现而去行动，而是自觉自愿的主体意识，使命的灵魂应该是主体的自主体认，其意义指向是内在的自我实现。

三是对象取向上：群体与个体之差。中国文化中，使命均用来给群体的某种目标和任务贴上标签，在期刊网以题名"使命"精确查询，12484 篇文献，篇名或体现某一群体的时代责任，如"科学工作者"；或描述出某一行业的发展趋势，如"出版业"；或展示某个区域的建设方向，如"河东区"；或展现某一组织或机构发展目标，如"环保集团"。80% 以上题名有国家意志、政治色彩和政策方针导向，如"共产党人""白衣战士"等，60% 左右反映宏观时代背景，如"新世纪""十二五"等。可见，使命在中文语境里带有浓重的政治、时代的色彩，是强烈的群体、集体主义表达。在英文中，以 calling 为例，与上帝、神的感召息息相关，个体的信仰和自我救赎，有强烈的个体性，并在内容、程度等方面都体现出个体差异，而非统一发布的信仰教条或一致的思想主张。

综上所述，东西方不同文化背景下使命的内涵具有较大的差异，西方所理解的使命具有主动性、内向性与个体性，东方文化传统中的使命具有被动性、外向性和群体性。综合东西方对使命概念的理解，广义的使命概念具有宏观、中观、微观多层面的内涵，如表3-1所示。

表3-1 "使命"的概念内涵[①]

层次	含义所指	举例
宏观层面	国家政治和政策目标、时代发展需求、区域发展战略、特定某人群义务与责任	"国家使命" "时代使命" "××省发展使命" "青年使命"
中观层面	机构组织建设目标、特定行业和特定某群体发展诉求	"大学使命" "钢铁工业发展使命" "出版人使命"
微观层面	个体内在的自觉意识和自我实现，具有主动性、内在性	"使命推动"

二、教师使命的内涵和特征

（一）教师使命的内涵

教师使命是使命的下位概念，具有使命的一般特征，即主动性、内向性和个体性。但同时教师作为一种特殊的职业，是正在形成中的专业。因此，教师使命有其特殊之处，教师使命概念包含职业使命感与超越性使命两个层次。

首先，教师是一种职业（vocation），因此，教师使命最外层是一般职业所具有的职业性使命。职业使命感即任何事业背后必然存在着无形的敬业精神力量。敬业精神本质上是一种信仰，即使是最卑微的工作，也会从中获得某种人生价值。因此，职业使命感被认为是与工作意义有着强烈的联结，并且相信工作能够完成人生目标的一种将工作视为自己生命的情怀。职业使命感是个人知觉到他所从事的是一份特殊而有意义的工作。当个人将工作视为一种使命时，

[①] 徐钢，宿静. 高职院校教师队伍建设研究 [M]. 天津：天津科学技术出版社，2013.

个人会专注于工作上，认为他所从事的是可以为社会增添福祉并且有贡献的工作。因此，教师感知到自己所从事职业的意义，拥有职业使命感，工作的目的不是获得物质、金钱、名誉这些外在报偿，那么更重要的则是内心的满足感和自我价值实现，并含有寻求生命意义的成分在内。

其次，教师使命核心层次，即内核是超越性使命。教师作为一门走向专业化的职业，具有其职业特殊性：一是教师工作对象的人本性。教师工作的对象是活生生的人。二是教师工作的育人性，教师不仅要教书，而且要育人。三是教师工作的非工具性。教师不用工具而要用自己的知识、智慧、人格魅力去影响学生，用心灵影响心灵。教师职业的特殊性正是其"专业性"所在，教师工作具有强烈的"人是目的"的色彩，而体现教师专业特殊性的专业精神的核心部分，教师使命应有超越"工具"的意义，即超越性使命。也就是说教师专业精神的最高境界是对精神自身完整的追求，追求超越职业的和一种自我内部精神圆满（wholeness）的实现，即是教师对超越性使命的追寻。

好教师最基本的特质共有6层，由外而内依次为从可直接被观察的环境、行为到专业能力、专业信念、专业认同、教师使命。模式中最核心、最深层的是教师使命。

一些学者认为教师教育应该以心理学为基础，教师教育发展新方向应该与心理学及精神治疗相结合。从思维逻辑层次出发，即NLP（Neuro-Linguistic Programming）出发。逻辑层次之间也是同心圆，最核心的为"精神和灵性"。

比任何层次都更高且深入的问题，即从事教职的目的。这是教师使命必须回答的问题。教师使命的一个理论要点是个人正向特质和核心特质，即积极心理学强调的个人正向特质，包括创造力、信任、关怀、勇气、敏感、果断、自发性和灵活性等。而核心特质与积极心理学的正向特质大同小异，包括感恩、正直、创造性等积极品质。

综上所述，教师使命概念内涵分为两个层次，即教师职业使命感和超越性使命。第一个层次是"职业使命感"而非"职业使命"，第二个层次为"超越性使命"而非"超越性使命感"。教师使命第一层次是低层次专业精神的初步提升，此时使命尚未形成习惯化和自动化，教师还需要去知觉和感知，感知职业的目的、意义和价值所在，追求生命价值的"自我实现"，因此使命的第一个层次是"职业使命感"。教师使命的第二层次已经再次升华，形成精神的内核，是一种高级的心理能量，是强大的精神力量之源。因此，超越性使命具有极强的内在主动性，不需要教师去感知它，甚至教师并未知觉到它的存在，它却已经深深影响教师的行为表现，渗透在教师日常教育教学实践的方方面面，这是一种"不以自我实现为目的的自我实现"。

（二）教师使命的特征

教师使命作为教师专业精神的核心层次，具有区别于其他层次的特征，包括超越性、实践性和动态发展性。

1. 教师使命具有超越性

无论是教师职业使命还是超越性使命都是对个体价值的追问，要去回答的是"我是什么？"而不是"我是谁？"这个具有终极归宿和意义的问题。

对这个问题的探询本身就体现了超越现实社会，去追求与对象、宇宙、大自然融为一体的价值理念。虽然人不可能完全脱离现实，教师在职业生涯中不可能完全离开教学、摆脱课堂，但是人应该有一种宏大的宇宙观，把自己视为宇宙的一分子，教师使命就是教师超越职业本身，能够超越各种现实的偏见和观念，如性别之差、种族之异甚至家庭社会经济条件、学生的学习成绩等过于狭隘的评判，超越分类和界别，而能更具有民主的精神、高水平的意识，站在一种人类关怀的高度去重新认识和体验教育对于学生、对于自身的价值所在。教师使命具有超越性，但是并不意味着教师脱离现实，脱离了课堂和学生，超越现实是为了更好地回归现实、反思现实,为了现实的和谐美好做出更多的努力。单纯追求超越,不顾客观现实,就会陷入虚无的境地。

2. 教师使命具有实践性

教师使命意味着被召唤,是个体内在与外在的力量的展示,教师使命感是"来自教师内心的声音,是教师内在真实自我的本性"。而这种来自内心的声音与教师的教学实践密不可分,是在教师的教育教学互动过程中萌发并形成的。教师寻找其使命的过程就是"真正地、自然而然地投入教学"的过程。教师在教学的经历中寻求意义,寻求教学给他们带来的个人和社会的价值。强烈的职业使命感包括教学实践的理念,这种理念让个体的教学工作与他的生活紧密相连。因此,拥有使命感的教师,会使教学真正地成为他们"所热爱的工作",成为生命的一部分。

3. 教师使命具有动态发展性

教师自我的转变是复杂的、多向的,并不只固着在"自我生存"的层面,也会呈现"由外及内"的转变:关注学生—关注教学任务—关注自我。在新手教师成长过程中,成长的阶段在生存层面上由内而外,而在教师内在自我的层面上是由外而内的。随着对自我的关注越来越多,对学生和教学任务的反思也越来越深,教师内在专业精神、教师使命也随之发生变化。在教师认同、教师美德形成的同时,逐渐形成教师职业使命感,并在实践与反思过程中不断地升华和转化为较稳定的教师超越性使命。在理想状态下,从职前教师到新手教师再到专家教师,构成教师使命核心,自主性强的超越性使命逐渐生成并且稳固,成为教师使命、教师专业精神的内核,而自主性弱的职业使命感则逐渐弱化。

教师专业发展关注外在学历和教学技能的同时,更需要关注教师内在专业精神的成长。只有外在能力提升,内在专业精神也同时逐渐丰满起来,教师才是真正意义上的教师,才能有真正意义上的教学工作。关注教师专业精神的最核心层次"教师使命",可以理顺教师使命与教师专业发展之间应当是相互促进的积极关系。教师专业发展程度越高,教师使命也越高;反过来教师使命越强,越能提供专业发展的动力。因此,从职前教师培养到职后的培训,都应该注重教师职业使命感的培育和超越性使命的养成。教师使命具有超越性、实践性和动态发展性,如何培养具有使命的教师,需要什么样的课程与实践都是值得进一步思考和研究的问题。

第三节 教师师德建设

百年大计,教育为本;教育大计,教师为本。作为传播文明、培育人才的摇篮和基地,高校的师德建设不仅关系到高校人才培养的质量和水平、高校生存和发展的走向,而且关系到我国教育事业的发展、社会主义和谐社会的建立。

一名高素质的教师,除了要有深厚的专业功底,更要拥有高尚的师德。师德一般是指教师在从事教育教学活动中逐步形成的道德观念、道德情操、道德行为和道德意志,是在履行教书育人职责时必须遵循的行为准则和道德规范的总和。关于师德的内涵表述是多种多样的,包括以下若干点:爱岗敬业、德行端正、人格高尚、尊生重教、育人为本、治学严谨、博学敬业、求知创新、诚实守信、以身立教、为人师表等。随着时代的变迁和社会对高校教师要求的不同,师德的内涵及其评价也发生了相应的变化,还应包含人文精神。而师德建设的内涵则应包括两大因素:一是内因,即教师的自我建设。二是外因,即制度保障因素。内在因素是最基本的,外因应促使内因积极作用。师德建设就是使内外因素构成合力,促进师德的内涵更深入的发展。

一、师德内涵的实质

师德是教师的本质趋向，是教师职业的基本要求，师德属于职业道德的范畴，职业道德是社会道德体系中的主体道德，它是社会分工的产物，又是维系社会分工精细和程序化发展不可替代的因素。它渗透到职业领域的方方面面，强有力地影响整个社会职业体系。师德作为职业道德的分支，必然具有职业道德共性的要求，例如，爱岗敬业、诚实守信、办事公道、服务群众、奉献社会等，但它又不同于一般的职业道德，有着其行业特殊性的要求。教师在道德意识水平上比其他职业有更高的要求。"师者，人之模范也"，"德高为师"，教师在道德行为上比其他行业更具有典型的示范性。韩愈说："以一身立教，而为师于百千万年间，其身亡而其教存。"[1]孔子曰："其身正，不令而行；其身不正，虽令不从。"[2]在学生的心目中，教师是社会的规范、道德的化身、人类的楷模、父母的替身，他们把师德高尚的教师作为学习的榜样，模仿其态度、情趣、品德乃至行为举止、音容笑貌。

师德是社会主体道德中的核心层，它是培育社会各职业道德的基础，是作为生产力主体要素——劳动者职业道德意识的源头，对教育者的作用上，比其他行业具有更广、更深、更远的穿透影响力，其显著的群体性特征，将影响将来成为公民的学生，进而影响代代相传的社会风气。特别是在社会分工程度日益提高的今天，一个国家和民族的精神风貌，与教师职业道德状况有内在的渊源关系，因此，师德必然高于全社会任何一个行业的职业道德，应成为职业道德之范。而人文精神应该是新时期师德的基本内涵，也可以说是师德内涵的实质或核心。

---

[1] 迟双明.韩愈集全鉴[M].北京：中国纺织出版社，2020.
[2] 出自《论语》。

二、师德建设的内涵

在建设和谐社会的系统工程中，精神文明是其中的重要组成部分，而学校是精神文明建设的主阵地，师德建设理应在全社会精神文明建设中走在所有行业职业道德建设的前列，这是教师社会角色应当为社会承担的责任，也是学校引导社会价值取向的一个重要方面。师德建设的内涵应包含两方面的构成因素：一是内因，即自我建设与完善因素。二是外因，即管理与制度建设因素。

1. 师德建设的内因

当人的需要朝向一定目标时就会产生动机，动机将以其强大的推动力，促使人的奋斗目标实现。由此，当教师的道德需要与道德目标结合在一起时，就会产生强大的道德动机，推动教师去实现崇高的道德目标。那么教师的道德需要能否转化为道德动机，自觉地将人文精神转化为行为准则和价值追求，便要靠教师的自我反省与自我修养，即师德内化的过程，就是自我的培养、自我的建设，也就是自律与自觉。师德建设也要求教师必须在实践中，不断地自我学习、自我修炼、自我约束、自我调控。社会向道德领域不断提出问题，给道德修养以巨大的动力，也只有在社会不断的需求和推动下，道德的修养才能越发深刻。

师德建设的内在因素，体现了师德的内化过程。也就是教师不断加强自身修养、不断完善自己、超越自己的过程，在这个过程中教师必须坚持自省的原则，即加强自身师德的约束，反省自己的教育教学行为，从而使自己的师德日臻完善；还要坚持自励的原则，即用人文的精神激励自己、鞭策自己，自觉地以识养德、以德养气，从而真正达到崇高的师德境界。

2. 师德建设的外因

从师德建设的内在因素看，师德是一种具有高度的自觉、自尊、自立性的产物，这一特点决定了我们的师德建设不能是机械与强硬的。需要向道德动机转化，使教师把人文精神作为师德追求的目标。在管理手段上要注意科学的目标管理与激励手段的正确运用等。这就需要建立适当的制度加以保障。

三、教师专业精神的构建

专业精神源于教师自身的道德性，只有道德高尚才可能生发出内在的专业精神。

（一）精神的概念

"精神"一词在英文中为 spirit，在"牛津大词典"的解释中，精神包含了一切区别于肉体的心智、感觉和个性气质等。因为西方文化中尚智的传统，即崇尚理性、逻辑等可以言说的人类活动，"精神"往往和宗教联系起来，带有神秘主义的倾向，"精神性"主要表现为宗教的内心生活。直到近几十年，西方哲学界后现代的转向，才慢慢把非科学的或者不是完全可以言说的人类活动纳入哲学和社会科学的视野。在中国文化传统中，因为没有"科学－宗教"的二元对立，特别是在儒家传统中，"精神"一直以来都被认为是日常生活中的组成部分，是"为人、为学"的功夫，它摆脱了宗教的神秘色彩，而认为是处世立人之修养的结果。钱穆在《灵魂与心》中更是直接指出精神是理性的产物。中国传统文化语境下，"精神"具有更为包容的向度，包含了理性、情感和道德的各个要素。其中道德性又是人类精神性发展的核心标志，它在精神系统中起统摄、支架性的作用。道德的发展是人的情感进入价值观的内化之后的稳定阶段，道德的发展建立在情感交往的基础上，成为精神发展的重要方面。

所以，精神作为理性的产物，是具有主体性的个体对自我、工作对象、工作实践本身的感知、反思、理解，以及行动上的调整，这种理解进而扩展到和自己没有直接关系的他人、对更广泛意义上的生命和宇宙存在，即儒家所指的推己及人的"人文关怀"。精神的本质在于具有主体性的个体的感悟、反思、体察、探索和实践，这些活动既有理性的因素，也包含强烈的道德和情感因素，个体的"精神"则在这些活动中得到外显。对教师来说，教师在具有了自主的反思和探究之后，其精神的独特性通过教学活动显现出来。但是抽象地谈论教师精神并没有意义，因为精神的独特性决定了其在具体情境和每个个体身上不同的外显形式，比如教师A的敬业精神可能表现为对学生的严厉管教，而教师B的敬业精神可能表现为花大量的时间进行备课。但是要称得上教师的专业精神，教师A和教师B都需要对自己的行为有持续的理性反思，以保证自己的行为是有利于学生智力、道德、情感等各方面发展而不是起到阻碍作用的。

（二）教师专业的概念

对教师专业的概念界定需要解决两个问题：第一，为什么教师是专业性的职业？第二，为什么教学作为教师专业性实践是教师专业精神发展的前提？

1. 教师是一种专业性的职业

教师是否是一种专业性的职业一直以来饱受争议，很多人认为教师并不具有像医生或律师那样的专业身份，进入教师行业并不需要像进入医生或律师行业那样经过长期、严格的训练，教师的知识也不像医生或者律师的知识那样具有专业性。所谓的专业知识，即没有专业身份的人所不具备的特殊的知识。于是在教育界曾掀起一股"教师专业化"的热潮，一方面旨在提高教师的专业地位，另一方面则旨在为教学成为一门专门化的职业提出正当性的要求，为教师赋权。1974年国外著名学者霍伊（Hoyle）提出"专业主义"和"专业性"两个概念来区分探讨教学与专业之间关系的不同含义。"专业主义"用来表示为提高本职业的社会地位、收入和改善工作条件所采取的策略和手段，实现这一目标的过程被称为"专业化"。另外，把教师在教学过程中所运用的知识、技能以及程序，用"专业性"这个概念概括。这两个概念的区分有助于我们理解教师职业，其具有专业性但专业化还需要一个过程。

一方面，众多教育学者坚持教师的专业地位，在理论和实践的层面均为提升教师的专业化而努力，提出专业的教师所需要具备的知识基础，以此来保证教师教学的专业性。另一方面，也有学者提出警示，教师的专业化并不仅仅是教师完成功能上进行知识传递的角色。教师的专业化要避免过度强调教师专业知识而忽略教师相对于医生、律师等其他专业行业的特殊性，教师的教学需要重视教师和学生的情感交流和道德自觉。

在对教师专业性的讨论中，一些学者更是直接指出了教师专业性研究中的缺失，即过度强调教师知识和教学技巧的独特和专有，而忽略了教师作为一种专业具有的道德层面的独特性。他们认为，教师工作对象和工作性质的独特性需要教师具有道德感，教师具有的道德精神是教师体现其独特的专业性所在。教师的专业性在于：一是其他专业的知识具有独有性，只有行业者占有，比如医生诊断的知识并不和病人共享，医生具有诊断知识的权威性。而在教学中，教师的任务之一在于通过一定的教学方式和教学技巧与教学对象（学生）共享知识，达到传递知识的目的。二是医生或律师为了保持其专业身份往往并不涉入对象（病人或受代理人）的个人生活，而教师却必须尽可能全方面地了解对象（学生）生活的各个方面，通过包括家长会、家访、面谈、观察等各种方式理解学生的性格、个性、习惯及成长经历等，以和学生在教学中进行有效沟通并制订适当的指导计划。三是在医生或律师行业，往往其对象（病人或受代理人）并不干涉医生或律师的专业决策，对象处在相对被动、服从的状态，只需要听从安排即可。而教师和学生之间则需要双方的持续努力，如果学生并没有主动学习的意愿，没有学习的实际行动，那么教师单方面的教学依然是无效的。

由于教师的工作对象是健康、独立但又不成熟的个体，这就决定了教师的专业性和其他行业的专业性存在实质性的不同。教师的专业性不能仅仅通过教师知识或技能的专业化完成，教师的专业性必须回到对教学本身的理解，即回到教学的德行中来。

2. 教师专业性的特点：教学作为教师的专业道德实践

一些学者提出，尽管教师掌握的知识对于教师专业发展非常关键，但教师的专业发展、优秀教师的培养不应该仅仅关注教师的知识。他们认为如果忽略了非知识层面对教师的影响，将不能真正理解教师的教学工作，也不能理解教师这一专业的特性。教师道德又集中体现在教师教学中的道德性，教师教学作为道德的实践是教师专业精神发展的前提。这是因为教学本身具有的道德性并不在于教学所带来的结果，比如学生成绩的提高。尽管学生成绩的提高是高品质的教学带来的结果之一，教学的道德性在于教学者专业本身的特性，即教学天然地需要导向善。正是因为教学本身的道德性，所以教师的知识、价值、态度、信念、性情等这些教师所具有的带有中性色彩的"认同"，才会导向善的一面，演变成教师的专业美德，并通过具体的教学行为体现出来。

必须承认，教学并不仅仅是一份一般意义上的职业，而是带有内在的道德倾向，即促进人在心智情感各个方面从不成熟状态走向成熟状态，而这种道德感是通过教师对教学的理解、对学生的理解和对教学内容的理解实现的，是教师在教学实践中内在生发出的德行，包括责任、关心、奉献、求真、创新，等等。这些德行并不能穷尽，也无须穷尽，重要的是需要理解教学作为一种复杂的专业所需要的智力和情感的投入，这种投入本身会带来教师专业精神的实现。

正是教学的这一特点，为我们教师的专业精神提供了前提基础，因为教师的专业精神区别于教师的伦理规范，并不能通过外界的规定产生，教师的专业精神只有在教师认识到教学本身所具有的内在德行之后才会出现。

（三）教师专业精神的三个发展层次

教师专业的立足点就是教师的专业精神是教师在理性、道德和审美情感上通过教学实践过程的集中体现，三者融为一体、不可分割。将教师专业精神的内涵分为三个层次，旨在体现教师专业精神的动态发展过程和逐步推进的精神境界。

在教师专业精神的三个发展层次中，首先，教师专业精神发展需要教师对其职业具有认同感，这种认同包括对自我的认同，即认同自我所从事职业的价值，还包括对组织的认同，即认同自我和组织之间的职业关系。

其次，教师的专业精神进入第二层面时，因为教师已经获得专业认同，而教师专业的道德性使得教师在第二个层面的实践必然带有道德的色彩，教师专业精神具体体现为教师在专业实践中的种种美德。可以将这些美德分为理性精神、道德精神和审美精神，但需要再次强调的是，三者并没有截然的区分，往往相互包容、互不可缺。精神具有不同的体现形式，并具有内隐性，它只有通过教师的教学实践，如教学方式、教学风格、教学机制等具体的形式体现出来，教师在具体的教学实践中进行感悟、反思、探索和实践，又促进其专业精神的发展。值得注意的是，教师美德通过教学实践外显，但美德自身的内隐性决定其不以外显为目的，因为教师的精神始终具有内在的自发性，如果过多地注重其外显性，则会陷入表演性的展示而失去了其精神实质。

最后，当教师在教学实践中体现出种种教学的美德并不断进行反思，其专业认同得到进一步加强，教师的美德逐渐发展成更为稳定的教师人格的一部分，即人格化作为情感发展的最高阶段，人的精神发展的较高阶段是价值观及态度内化为比较稳定的人格。教师稳定的价值观的建立可以称为教师使命感的获得，这个阶段，教师对其职业获得更为广阔的理解，通过教学获得自我实现但又不以自我实现为目的，而完全以他人的发展为己任。所以，教师的使命感是不以自我实现为目的的自我实现。这个阶段，教师内在的精神力量得到彰显，外部条件对教师的教学影响变小，教师可以创造性地应对外部环境的阻碍因素，这是教师专业精神发展的较高境界。

教师专业精神发展具有三个层次。

1. 第一层次：教师认同

教师的职业认同是其专业精神发展的起点，而职业认同的获得一方面是教师个人对其专业的认识即教师个人认同，包括教师对其专业知识的理解、对其专业的态度和信念、教师个人性情和其专业性质的匹配，以及教师个人价值观和其专业价值观的一致性等。另一方面是教师对自身和其所在的组织机构关系的认识，即"教师自主性""教师忠诚度""教师的奉献意愿"。

教师个人认同涉及教师的内在生活，包括教师的态度、信念、价值观、自我个性特点、个人生活史等自我认识的方方面面。教师态度和教师信念具有一致性，但教师信念对教师的实践影响更大。如果教师教育不涉及教师态度和教师信念领域，教师教育对教师的影响将微乎其微。同时，教师情感区别于教师的行为、态度或技艺，强调教师行为上的某种倾向，它是教师某种思维习惯指导下的行为，是某种思维的习惯，所以具有某种程度上的无意识，但又不同于完全无意识的行为，而是因为不断的重复之后反思的缺位。此外，教师视野是比教师信念更进一步的职业认同，其中包含了教师要超越规定的要求而更好地改善学生学习状况的努力，并且这种努力并不仅仅局限于成绩上的改善，而是对学生全面发展的追求。教师视野建立在教师对自我的深入认识和独立思考的基础之上，是教师对自我和职业理性思考的结果。在建构教师的职业认同时，要理出两条线索：一条是教师的个人认同，即教师个体对职业的认识，偏重于教师的内在生活，另外一条线索是教师和所在组织之间的关系，偏重于教师形成职业认同的外部环境，即教师的组织认同。现代教师职业的一个特点即教师不可能是以一个单独的个体进行教学，教师一定是在某个组织中（往往是以学校的形式出现）进行教学活动，教师的组织认同影响教师对职业的认同。

需要强调的是，和教师职业认同相关的概念常常具有交叉性，这些概念也只是为理解教师职业认同提供更加丰富的内涵，但并不能保证我们涵盖了所有的概念。它们之间也往往是一个动态发展的过程，比如教师的奉献意愿常常和教师的组织认同有关，但也和教师的个人认同，特别是教师对职业的信念、价值和认识有紧密的联系。

2. 第二层次：教师美德

理论界把教师美德更加稳定的形态分成三个方面：理性精神、道德精神和审美精神。首先需要指出的是，把教师美德的内涵分为三个层面是为了说明教师美德的多样性和丰富性，并不说明这三个方面可以割裂存在，三者之间往往是共生且相互关联的。

教师的理性精神是教师美德的第一要素。教师对教学的理性探究，首先是一种道德上的努力。教师的理性精神可以包括教师的批判精神、反思精神、创造精神、探索精神、开放精神、求真精神（对证据的尊重和对真实性的探求），等等。相对于理性精神对证据和逻辑的强调以增加对知识的理解的教学过程中的合理性追求，教师美德中所体现出的人文性即道德精神更能展现教师这一职业的特点。因为教师所面对的对象是未成熟的、不断成长的个体，需要教师体现出强烈的对人性从不成熟到成熟过程中的种种认识和理解。具有教学美德的教师常常展现出勇气、友善、信赖、正义、机智、具有荣誉感、温和、高尚、高贵、大度、节制等特点。而教师道德精神中的公正、富有同情心、谦卑和宽容更是教师美德的闪光点，是教师道德精神的重要方面。

3. 第三层次：教师使命感

教师的美德是建立在教师对自我性情、信念、态度或价值的职业认同基础上的。教师专业美德的建立需要教师对教学进行感悟、反思、研究和实践。"教学机制"并不排斥教师的专业美德，而很大程度上来自和自我认同的契合带来的即时的深切感受和专业判断。教师专业精神的进一步发展，在此基础上逐渐脱离对既定情境的特定感受，而更多地进入对人生根本问题的追问和反思，使得教师人格进入更加稳定的状态，不易受外界的影响。当然人生的基本问题包括但不局限于：什么是人？什么是自我？什么是人生根本问题？一旦获得了对这些根本问题的认识，即人之为人的生存之道，教师就会突破外界环境的种种影响，进入人格的稳定状态。这种稳定状态并非不求变通，而是自我可以主导内心的精神力量，不会轻易被外界的力量左右，达到内心的自主。它建立在教师对自身、教学和学生，以及更加广阔的世界和宇宙的理解的基础上，这是一种哲学的、道德的反思之后建立起的稳定的人格特征。

教师使命感的获得是一种比较难达到的状态，而且它不是一种具有明确意向的、可以追求的目标，它是通过个人的不懈追求所达到的"道"，这个"道"因人而异，并没有一个统一的、一致的目标。

四、教师职业道德建设的专业化

教师职业道德是与教师职业相关的道德，而不是一般性的个人道德，有时甚至是相互矛盾和冲突的。在一般情况下，教师的职业道德也是教师个人道德的一部分，个人道德水平越高，职业道德水平也就越好。然而，在具体的教育过程中，教师的个人道德与职业道德的标准常常不尽相同，个人的道德水平并不一定代表职业道德的水平。如果教师的教育行为对社会或学生造成伤害，而个人的奉献精神再好也不能被视为正当的教育行为。比如，教师的奉献精神绝不能以牺牲学生的发展为代价。一般个人道德是普遍适用的，可以按照常识来判断，但职业道德则必须由其教育活动的特点来决定。在常人看来是高尚的行为，对于教育过程来说却未必是积极的，甚至可能是应当受到谴责的。

教育过程中的许多行为，在日常生活中往往不存在道德问题。所谓职业道德问题，是因为其"专业性"而具有"道德性"，即在教育过程中某些行为存在发生道德问题的风险和可能。比如，国外职业道德规范有教师不应与学生建立教育关系以外的私人关系等相关要求，而这些条款在日常生活中可能并不存在道德上的问题，只是在教育关系中才会转变为一种道德问题。

从这个角度看，传统教师职业道德建设是存在问题的：即从一般个人道德为起点去解决教育过程中的道德问题，并以这样的立场和态度去制订教师职业道德的规范和标准，进而导致职业道德建设既空乏又抽象，对具体教育过程缺少规范性和约束力。

教师职业道德是表现于教师职业行为之中的道德规范，常常与教师的专业规范相一致，有时甚至是完全等同的。

职业道德也是一种专业道德，是对教师在教育活动过程中的道德要求。然而，正是从这个意义说，在许多情况下，教师的职业道德及职业道德规范实际与其专业规范是完全等同的。或者换句话说，教师的职业道德规范，实际就是专业规范的一部分，而不是专业规范以外的道德规范。比如，在一些国家的教师规范中，甚至有不允许把私人电话留给学生等非常具体的条款，这些与教育活动过程密切相关的道德规范，针对性极强，完全是专业规范的一部分，使教师的专业活动附加了道德的含义和要求，从而直接限制和避免了教育过程中各种可能出现的道德风险和后果。

（一）国外教师专业伦理建设的思路

如果说我国教师职业道德建设有什么缺陷的话，那就是尚未形成一个基于法律规范之上的教师职业道德体系。国外教师职业道德建设给我们相当多的启示。

第一，借鉴法律规范的设计与标准推进教师职业道德建设的规范化，进而才有可能真正建立具有实际影响力和约束力的教师职业道德规范体系。

在西方国家，教师职业道德规范的设立常常基于法律准则之上，各种行为规范必须放置于法律框架之内。比如，加拿大在1996年通过两次最高法院决议并制定法律，对教师的专业伦理及道德规范加以确立。对教师的道德要求首先是以对公民的义务要求为前提，在充分考虑教师工作职业特点的基础上遵循宪法与法律赋予公民的权利与义务来制定。比如，美国教育协会颁布的教师职业道德规范，包含针对学生、教师、同事，以及家长和社区四个部分，其中都有相当内容涉及法律概念。

比如，针对学生的总论部分有这样的表述："教育者有义务帮助学生构建文明的德行，包括正直、责任、勤奋、合作、忠诚以及尊重法律等。"具体内容有五条，其中有两条涉及法律，即"教育者需要公平对待每个学生，并依照法律和学校政策寻求解决方法""教育者不可以揭露有关学生的隐私信息，除非受法律要求"。针对教师部分的总论内容也有这样的表述："教育者要努力维持专业的高尚，通过尊重和遵循法律展示个人诚信。"其具体内容有七条，也有一条明确涉及法律："教育者要遵循不与伦理规范冲突的学校政策和法律规范。"

在我国香港，诸多道德规范直接与法律规范相衔接，比如，根据其现行法律规定，公立学校教师都属于公务员，要接受香港廉政公署严格监管，受到包括《防止贿赂条例》的监管，同时还必须遵守《接受利益（行政长官许可）公告》

的规定，对于教师接受学生送礼等行为都可直接适用相关法律条款加以约束和限制。

由此可见，所谓职业道德建设的"专业化"，其核心内容可能就是与法律规范的接轨。只有从法律规范的角度来看待教师职业道德问题，才能真正说明我们具有了专业化的眼光和视野。

我国目前的职业道德规范，在制定方式上尚缺少法律视野。其上涉及法律的只有《中华人民共和国教师法》，而实施还是强调靠行政和督导机制负责落实和执行。

第二，只有用法律的语言方式表述教师职业道德标准，才能更加体现教师职业道德规范的严肃性和神圣性。

我国教师职业道德规范，常常过于空泛和狭隘，在语言表述上主要采用陈述句的形式，很少采用规范性语言，更像是一种口号和倡议。因此，常常因为缺少规范性而导致专业约束力大大下降。

（二）我国教师职业道德专业化的举措

在专业化时代，教师职业道德建设必须走"专业化"道路，因此，制定适应专业化时代的教师职业道德建设策略就成为教师职业道德研究的重要课题。

第一，职业伦理建设的主要目的，不仅是提高教师个人的道德水平，而且是促进教师的专业成长。

目前，国内教师职业道德建设的缺陷是过于偏重对教师的管理和处罚，单纯依靠教育行政部门和学校的检查和考核，而忽视了教师专业发展的内在动力。必须从教师专业发展的角度要求职业道德规范应当能够为教师提供专业指引，促进他们的专业判断和专业行为的提升。事实上，这样的建设思路或劝诫方式包含了更多中国文化的元素，这种方式把规范变成服务，把"为教育"变成"为教师"，更容易为教师所接受。我国自古就有"一日为师，终身为父"的传统。

在中国，学生就是教师自己的孩子，甚至可以视为"私人物品"。由此可见，中国文化的独特性对于职业道德建设有十分重要的影响。

第二，扩大教师专业标准的概念和内涵，将教师的专业伦理纳入教师专业规范的范畴。

虽然，教师的职业伦理或职业道德，不像法律那样具有严格的强制性、义务性和制裁性，但仍然需要严格的规范和标准。同时，也只有将其放置于教师的专业规范内，并作为教师专业训练的标准之一，教师的职业道德规范才有可能真正获得某种强制性。相反，如果将教师的道德标准放置于教师专业规范之外，无疑将削弱教师职业道德规范的严肃性，成为可有可无的象征和口号。

五、教师道德的特点及实施要求

"品格可以通过习惯来塑造，通过教学生养成良好的习惯，进而了解什么应该做、什么不该做，而这正是道德教育的主要目标。"

"道德规范如果有冲突，那么如何进行道德选择？"

"为什么人在学生时代大多能遵守各项规范，而走入社会后则表现不一？"

这些问题是道德教育中的常见问题，可以从道德的外显性与内涵性这一视角进行分析。

道德可以视作由容易感知的道德规范、品格等外显模式与深藏其中的道德价值和精神等内涵模式复合而成。道德内涵作为道德的灵魂，对它的把握是道德自主建构的核心，道德规范和品格是道德内涵的作用和表现形式。

（一）教师道德的特点

1. 道德内涵所确定的是人的生活原则、生活的根本方向，其指向的是"使人成为人"

道德内涵的表现形式无处不在，指向生活的方方面面以及"怎样去做成一个人"的根本生存方式。也许在一个人独处的时候，不存在人与他人关系的问题，但是依然存在人如何面对自己良心的问题，人需要对自己的内心有所交代，这也许是道德成长最重要的问题。因此道德内涵虽然崇高但又一定是平易和灵活的，它会体现于生活无数的细节之中。

2. 道德规范、习俗、条文等都只能作为道德内涵的外在表现或参考条件

各种价值体系都是从人自己的本性中派生出来的，而不必求助于人自身之外的权威。各种规范、习俗等只能是为道德内涵服务的，并可以经由道德内涵而加以质疑或者辩护，而不是不能反思和质疑的。将规范等同于道德，就会将规范神圣化，从而导致道德实践过程变成一种依法则行事的理性或强制过程。因此，道德外显之和不能等同于道德内涵本身。

3. 道德教育过程中凝聚的道德内涵的浓度和质量，决定了道德外显的感染力

这导致道德教育的实效性必然比其他学科更依赖于环境和氛围，以及教师本身的道德修养。一切语言、行为、文字、思想都在传递着信息，其中有些内容就包含着道德内涵的信息。教师感悟到的道德内涵和所达到的道德修养，会自然而然地通过他与学生的信息交流而表达和扩散开来，无法遮盖，无法夸大，也无须强制。这才是隐性德育的关键所在。道德内涵的传递与接受是道德教育过程中的本质，也是决定道德教育是否具备实效性的核心因素。因此，道德教育其实对于教师的要求是很高的，这种高并非高在教学经验或者学识上，而是一种对内在修养的追求和实践上。

在道德的精神享受下，道德成长过程是可能达到减法模式的。道德减法模式包括三个层面：道德知识和规范约束的减法，浅层利益和需求的减法，自我心灵负担的减法。道德精神享受的体验，将使得个体对贴近道德内涵的体悟和

行为感触更深,从而在这个过程中对道德知识和各种规范的价值性方面有更深刻的认识,超越道德知识和规范本身,而不是造成基于道德规范的"道德越高,条条框框越多"的道德误解。减法模式的代表可以用孔子的"从心所欲,不逾矩"来描述,也是老子所说的"上德不德"所指示的发展方向。只有道德精神享受真正实现了,道德实践者自身才能自主地减少对浅层利益和需求,进入老子所说的"闻道者日损"的状态。

(二)教师道德教育的实施要求

(1)重视道德的外显性与内涵性的双重属性,重视道德成长中的精神因素,从理念上澄清教师道德的特点及内涵要求,从机制上强化教师道德教育的力度。

(2)将师生的共同成长作为教育过程的关键,强化教师的道德修养,要求教师通过内省来提升自己的道德意识,不断实践道德成长的内在需求和体验。

(3)理论研究和德育实践,必须使教师认清自己的角色定位,挖掘和整合基于自身真实认知和体验的道德原则,实现持续不断的道德成长。教师在道德教育中的作用首先取决于教师本身的道德意识状态,其次要明确道德情感与体验维度和道德意识密切相关。只有理论自觉才有行动的自觉,道德意识清醒,才有可能提升道德水准与层次。

第四章　教师队伍的课程能力建设

课程资源开发与整合能力是教师队伍课程能力建设的最基础的能力。课程资源是供给课程并满足课程活动一切的物质基础，它包括构成课程目标、课程内容的来源和保障课程活动的设备与材料以及课程活动所需要的一切素材与条件。课程资源开展是根据教育目的、人才培养目标和课程标准对可能涉及课程活动的各种可以利用的资源进行整理和利用，突出其在课程中的功能，以形成系统化的资源率，便于教师与学生的双向互动，借以提升教育教学质量。

第一节　高校课程建设

教师的课程能力建设，一是强化课程资源的开展意识，二是提升收集与处理信息及文献资料的能力，三是强化教育资源利用的组织协调能力，四是强化课程资源的整合能力，五是强化课程的规划设计能力，六是强化探究与解决问题和评价能力，使教师团队能在优良的生态环境中，提升自身的整体能力。

一、对高校教育类型人才培养规律的认识

职业教育是教育的一个类型，其本质特征是"职业性"，职业教育不是低水平、低层次、低质量的教育。从职业性角度来讲，职业教育是"为某些职业培养、训练人才，而不是从事与眼前用途无关的学术研究"，职业教育的人才培养"重视行业或职业岗位群的针对性和技术的应用性，而不是理论创新、学

科的系统性和基础的综合性"。从层次角度讲职业教育既可以培养学生技术能力、操作能力，也可以培养学生的应用研究能力和设计能力。既可以培养技术型和技能型人才，也可以培养应用研究型人才和工程型人才。只是不同层次的职业教育培养学生上述能力的比例不同而已。例如，中等职业教育应该是以培养操作能力为主；专科层次的高校教育培养学生设计、技术和操作能力，以技术能力为主；本科层次的高校教育培养学生研究、设计、技术能力，以设计、技术能力为主。

高等职业教育既有高等教育的属性，又有职业教育的属性，它既不同于普通高等教育，又不同于一般中等职业教育和职业培训，它有其自身内在的本质特性和要求。所以高校教育既要遵循普通高等教育的一般规律，更要充分体现职业教育的特殊要求，办出高校特色。高等职业教育在专业设置、培养模式、课程设置、师资队伍建设、教学内容、实践环节等方面都应该有自己的要求与特色。

高校教育的人才培养有其特殊规律，这种规律必须符合学生与生俱来的自然形成的认知规律。

从哲学角度来讲，认识规律是实践、认识、再实践、再认识……从教育角度来讲，认识规律是具体、抽象、再具体、再抽象……从高校教育角度来讲，因为其培养目标是工作在生产、建设、管理、服务第一线的高素质的技术、技能人才，这就要求高校教育必须"工学结合"，按照认识规律就是：工（学）、学（工）、再工（学）、再学（工）……也就是说，"工"和"学"要交替进行，但不是将二者割裂开来，而是"工中有学""学中有工"融合在一起，也就是要在"做中学"。

二、高校课程建设的思路

高校的课程建设，从课程体系的构建到课程建设的实施途径都有其自身的特点和规律。

（一）高校课程体系的构建

高校教育教学建设的核心内容是专业建设，专业建设主要包括：人才培养模式、课程建设、教学团队建设、实习实训基地建设等方面，其中，课程建设是核心。按照市场需求，根据专业调研构建课程体系，是课程建设的基础。

高校课程体系构建必须坚持校企合作原则，从企业中来，来源于企业又要高于企业，从企业的工作过程升华为教育过程，而不是企业工作过程的简单重复。具体过程是，对企业的生产任务对应的岗位（群）进行筛选和归纳，确定本专业所面对的典型岗位（群），再对典型岗位（群）的工作任务进行分析，归纳出学生需要掌握的技术和操作能力，对技术和操作能力需要的知识点、技能点和素质点进行梳理，确定本专业需要开设的专业核心课程以及支撑课程和相关课程，构成课程体系。

（二）高校专业核心课程的建设途径

课程体系确定之后，就要着手对各门课程特别是专业核心课程进行建设。专业核心课程建设包括很多方面，如：课程标准的制订、教学团队建设、教学仪器设备、教学方法手段等，但归根结底还是要解决"教什么、谁来教、在哪教、怎么教"的问题。关于"教什么"，要有以"能力标准"为主要求的课程标准，重点是学生通过学习"能做什么"，而不是"学习了什么"，专业核心课程教学要求的主要依据是企业典型工作任务对知识、技能、素质的要求；关于"谁来教"，主要是依据教学内容，由企业教师和学院教师共同完成；关于"在哪教"，是实现实训室和教室相统一。

高校专业核心课程教学，要应坚持"教、学、做"一体化，在"做中学"，教师的作用应该从以传授为主，转变为以指导为主；学生的角色也应该从被动地听为主，转变为主动地练为主。这样做才能符合认识规律和高校教育规律，达到教学目的。但是如果完全以全真的生产环境和设备为载体实施教学，也经常会遇到一些问题，例如，具有危险性的操作能力如何训练？学院教学场地、设备、经费不足怎么办？如何在教学场地、设备、经费不足的情况下强化技能训练？不善于抽象思维的学生如何理解抽象的原理？有效解决类似问题的方法是将课程"虚拟化"。

1. 课程的虚拟化

要实现课程的虚拟化，必须了解虚拟现实技术，又称灵境技术。这种技术实际上是一种采用计算机技术制作模拟仿真的假想世界的技术。在由计算机生成的交互式三维虚拟环境中，通过数据手套、头盔式显示器、护目镜、耳机、数据服、跟踪球等硬件设备进行感知，包括视觉、听觉和触觉，实质特征是身临其境和实施交互，启发参与者思维、获取虚拟环境的空间信息和逻辑信息。

虚拟现实技术具有情景化、体验性、生动性、交互性等特点，是现代化教学的重要手段。虚拟现实技术具有动画虚拟现实的能力，因此能够把教学中的抽象概念原理、真实的实验过程等生动形象地表现出来，给学生创设真实、生动的学习情境。利用虚拟现实技术能够使学生按照自己的需要实施交互式学习，主动获得所需要的知识，由被动式的接收转化为主动式的学习。利用沉浸式虚拟现实系统，可以强化学生的各种技能训练。

要实现课程的虚拟化教学，就必须有符合课程教学需要的虚拟化教学软件。

通过课程的"虚拟化"教学，使专业核心课程的教学实现了"四个统一"，实现了学生、政府、行业、企业、学院"多方受益"。

2. 课程的项目化

课程项目化是以项目课程为主体，以职业能力为目标，以岗位需求为依据，以工作结构为框架的课程体系。项目课程综合运用相关的操作知识和理论知识来完成工作任务，有利于学生形成在复杂工作情境中进行判断并解决问题的能力，提高其综合职业能力。其基本模式有以下几种。

（1）产品制作载体式课程体系模式。对于以产品制作为主的技术应用专业，可以采用此模式。在广泛调研的基础上，分析其所需专业能力，对专业能力进行归纳，以培养学生产品制作能力为主线，以典型产品为载体，构建项目化课程体系。其中，按照专业能力对应关系，以典型产品制作为主线设置课程模块，每一个课程模块就是一类产品的制作训练项目，学生学完该课程模块，即获得某一类产品的制作能力。

根据专业培养目标，该模式从核心就业岗位和主要就业岗位所要求的职业能力和素质出发，构建了"两大核心、三个平台"的课程体系。"两大核心"是指与核心就业岗位和主要就业岗位相对接的两个专业优质核心课程；"三个平台"是指支撑两个专业核心课程的文化素质、专业基础和专业技术平台课程。其中，专业基础平台课程和专业技术平台课程以及优质核心课程均采用项目化设计方式。

（2）职业能力模块式课程体系模式。构建这类课程体系的基本思路是，对于以应用能力为主的专业，以岗位核心能力培养为重点，构建基本素质、专业基础能力、专业核心能力、专业拓展能力模块，根据模块内容复杂程度，可以在每个模块下再设置若干子模块，也可以直接设置若干项目或项目课程，由此形成模块化的项目课程体系。其突出特点是，学生有较大的选择灵活性，为个性学习需要和可持续发展提供了可能。

其开发项目课程内容结构的总体思路是：以工作任务为中心，以课程分析为手段，以工作项目为载体，以工作过程的逻辑关系为基本依据，组织课程内容，以由易到难、由浅入深、循序渐进为原则设置教学项目或模块，形成以工作任务为中心，以技术实践知识为重点，以技术理论知识为背景的课程内容结构，实现课程内容结构由学科结构到工作结构的转变，要求教学项目充分体现典型性、真实性、完整性和覆盖面。

（3）职业成长主线式课程体系模式。以完整的工作过程为内在逻辑，以初学者到实践专家的职业成长过程为外在逻辑，依据典型工作任务之间的逻辑关系形成项目化课程体系结构。而在具体项目课程的开发过程中，也是根据职业能力发展的5个阶段（初学者、高级初学者、有能力者、熟练者、专家）确定出各典型工作任务的逐次提高的学习难度，形成理论实践一体化的"学习情境"，从工作的整体性出发，构建以职业成长为主线的系统项目。由于项目化课程体系开发的参照点是任务，学生在完成任务复合程度较高的项目时，往往需要相对系统的理论知识和熟练的单项技术、技能支撑。因此，项目下又要设若干个二级项目，据此细分，再分为若干项工作任务，将理论知识和单项技术、技能点融合在各项任务中，完成整体工作任务，即完成项目，由此获得综合的职业能力。

整个课程体系分为两个系统：基础课程系统和专业课程系统。基础课程系统构建中，按照全面教育理念，注意课程内容的必要性及课程之间的连贯性，单门课程引入三级项目（单门课程内设置的项目），多门课程引入二级项目（包含专业组相关核心课程和能力要求的项目）。基础课程系统主要是在第一学年实施。在构建基础课程系统的基础上构建专业课程（含实践课程）系统。每一门专业课程都有三级项目作为该课程知识点的载体，按照集成化课程设计原则，将若干门专业课程设计成一个课程群，课程群有一个二级项目作为载体，最后通过一级项目（属综合项目，指包含专业主要核心课程和能力要求的项目）将课程间的知识有机联系起来。专业实践教学内容融合在课程中或是独立设置，实践技能训练逐步递进，且都有一级、二级或三级项目作为载体。专业课程系统一般在第二、第三学年实施。

课程体系实施采取"三层次、五学段"的培养途径，实现培养过程阶段化，培养能力递进化。将职业素质教育贯穿人才培养的全过程，强化职业道德教育，把立德树人作为根本任务，把社会主义核心价值体系融入人才培养的全过程，实现学生向员工角色的逐步转变。

在教学时间安排上，为了适应"做中学"的方式，按照小班组织上课，同时将原来的2小时一次课改为4小时一次课，最大限度地保证一个教学项目实施的完整性和连续性。

在整个教学实施过程中，要按照"校企合作、工学结合、项目导向、任务驱动、教学做一体"的理念去组织实施。

（4）课证融通式课程体系模式。对于职业准入要求比较高的专业，可以采取课证融通式课程体系模式。课证融通式课程体系包括三个层面。一是大类专业层面的课证融通式课程体系结构。思路是将某专业的培养方向与某一职业资格证书要求或职业标准统一起来，在满足普适性能力培养的基础上，将该专业的培养目标、课程体系、教学方式等完全按照职业资格证书获得的要求来确定。二是具体专业层面的课证融通式课程体系结构。思路是根据专业培养目标，在职业能力分析的基础上，引入职业资格标准或企业认证标准，按照岗位不同等级职业资格证书及企业认证标准的技能培养要求对应设置专业主干项目课程，包括通用课程、专门课程，以及实训课程。三是某门课程层面的课证融通式课程内容结构。思路是按照某种职业资格证书要求，设计课程中包括的职业资格证书所要求的应知应会内容，理论与实践融为一体，课程目标即为获得某种职业资格证书。

(5）业务流程进阶式课程体系模式。构建这类课程体系的基本思路是，对于职业岗位的业务流程和程序化特征突出的专业，按照各业务流程的需要设置和排序专业主干项目课程，项目课程中各项目也是按业务流程来选择和设计。其基本特征是各主干课程设置与业务流程各阶段的技能要求相一致，符合岗位职业能力要求和生产实际。

（6）项目贯穿式课程体系设计模式。项目贯穿式课程体系的设计思路是，以项目贯穿整个人才培养周期。根据学生能力成长规律和认知规律，由分析到综合，由单一到复杂，以系统整合的思想设计项目组织形式，以项目为中心组织课程模块，分阶段递次实现人才培养目标。

三、当前高校课程建设存在的问题

由于高校教育要迎合市场经济和社会上各种各样的需求，成为"对社会每一流行风尚都做出反应的温度计"。①课程建设紧密围绕经济生产和市场需要，强调实利、有用的专业知识，技术的力量，而对那些与生产世界无关或关系不大的东西如意义、精神与价值等则不屑一顾，从而使课程"只有表层次的社会指标，而无深度的人性关怀"。②课程建设的出发点和全部依据就在于对生产世界的适应。在这一观念的支配下，课程被当作一种工具、一种手段，只注重"如何用手段达到目的，至于目的本身的价值是否为人类理想的终极价值则在所不论"。③在这种思路指导下的高校课程建设存在不少问题，主要表现为"三重三轻"。

（一）重客观知识，轻个体知识

课程内容紧密地与工业社会和市场化需要相联系，课程中只见生产世界的知识与规则，只有成熟、规范化的技术和管理知识，即可以明确表征的技术知识，对具有个人性质的不能明确表征的个体知识、本土知识重视不够。课程学习缺乏让学生自己独立思考和解决问题的机会。实践课程也是在教师的精心安排下，按照预定程序，对所学知识进行简单的验证活动，学生缺乏独立操作，自己摸索、体会以解决问题的机会，教师的个人经验也未能有效地融入课程中。

（二）重技术效率，轻技术伦理

课程只注重求"真"（关于生产世界的知识、原理、原则等），忽略了求"善"（技术道德，即对技术的合理利用）、求"美"（职业审美愉悦）。缺乏深层意义上的技术伦理教育，即培养学生对技术的理智态度。在教育目标中，理解与欣赏让位于技能与胜任能力，会话让位于对生活与环境的适应，深思让位于做与制作。这种教育追求的是更高的技术效率，仅仅是为了传授技能，排除了理智与审美的因素，通常不考虑职业的全部理智背景及社会意义。

（三）重物质效益，轻精神发展

课程只注重与物质、经济福利或"工作世界"相联系的技术技能训练，重视考公和职业资格等级证书的获得，而较少关注学生内心世界的发展，因而课程所注重培养的"能力"必然浸透了"操作""训练""谋利"的色彩。课程蜕变为训练"机器人"的工具，丧失了在促进人的全面发展、丰富人的体验方面的价值。

四、局职课程建设的走向

教育要实现的目的有两种，一种是"有限的目的"，即指向谋生的外在的目的。另一种是更为重要的"无限的目的"，即指向人的自我创造、自我发展、自我实现的内在的目的。在经济全球化时代，面对科技的发展和日益增多的社会问题，加强人类自身的建设、促进人性的完美显得更为重要。高校课程建设必须顺应这一时代要求。作为一种教育实践活动，它涉及的范围很广，但其核心内容是课程的内容、目标和价值以及如何实现这些目标与价值。

（一）在课程内容选择与组织上，走出单一的技术知识模式，将实践知识纳入高校课程，实现技术知识与实践知识的结合

技术知识和实践知识是程序性知识的两种表现形态。信息加工心理学家将知识分为陈述性知识和程序性知识两类。陈述性知识主要用来描述"是什么"或解释"为什么"的问题，这类知识即理论知识；程序性知识则主要用来回答"怎么办"或"如何做"的问题，即经验知识，属于改造世界、改造事物和人的行为的知识，它的对象是实践活动，这种关于改造事物、有效地进行实践活动的知识也就是广义上的技术知识。程序性知识根据其表现形态，可分为两类：一类是技术形态的程序性知识，又称为"技术的知识"，表现为一套明确阐述的技术规则，它是可以言传的，是那种能在书本中发现或找到的知识，是通过纸笔测验可以加以检测的知识。另一类是实践形态的程序性知识，又称为"实践的知识"，这种知识不可能作为一套明确的规则阐述出来，是不可言传的，仅能以实际操作的方式加以表演或演示。称这种只可意会、不可言传的知识为"缄默知识"，可言明的技术知识一般是成熟的、规范化的知识，而缄默的技术知识即实践知识则是在获得一定的客观技术知识的基础上，对个人经验、本土文化及人文知识等融合而生成的一种个人性质的知识。技术知识的两种表现形态的划分对高校课程建设有着重要的启发意义。

高校培养的是技术型人才，这种人才相对于学术型人才和工程型人才的"冥思行动"和"制定行动"而言，更强调其"进行行动"，即"做"的行动，因而他们需要的是关于"怎么办"或"如何做"的知识，即技术知识。高校课程内容的选择与组织应围绕技术知识来进行，技术知识可分为明确表征的客观技术知识和默会的实践知识两类。而当前高校教育课程内容的认识论基础主要是客观主义，无论在观念上还是在实践中都明显地存在着将高校课程等同于客观技术知识的倾向。不可否认，客观技术知识在高校课程中占有十分重要的地位，但高校课程仅有客观技术知识是远远不够的，从高校的培养目标与学生自身的

发展情况来看，具有个人性质的经验知识在某种意义上比技术知识显得更为重要，更能体现高校课程知识的特色。因此，超越单一的技术知识，从注重单一的技术知识到注重将技术知识和实践知识结合起来，将实践知识真正纳入高校课程，应当成为当前高校课程建设在课程知识的选择与组织问题上的一个主要奋斗目标。

（二）在课程目标确立上，从单纯重技术技能训练转向重实践智慧培养，注重技能训练与道德修养结合，引导学生树立正确的技术价值观，合理利用技术

在职业技术教育课程内容的三要素（知识、技能与态度）中；技能不仅占有较大比例，知识和态度的选择与安排也常为技能的要求所左右。高校培养的是生产、服务、管理第一线的高级技术人才，这类人才重在"做"和"行动"，即将技术知识运用于生产现场或实际生活中，解决实际问题、提供优质服务或创造新产品。技术技能的获得对他们具有十分重要的意义，但是高校要培养出适应现代社会的高素质人才，仅仅满足于专业知识和专业技术的传授是不行的。因为技术是一把"双刃剑"，可以为善也可以为恶。技能涉及的终究只是技术的效率问题，它涵盖不了技术的伦理道德问题。人类在饱尝科技进步带来的巨大物质财富之后，深刻地感受到因精神文明匮乏引起的恐慌。因此，树立正确的技术价值观、合理利用技术在当今社会日显重要。

对技术的合理利用是一种技术行为"向善性"的表现，是一种实践智慧的体现。

这种进行行动其实即我们所称的"实践智慧"，是一种将道德知识与行为倾向结合起来的行为方式，即求善行为。这种智慧与我们通常所说的仅用智力高低作为衡量标准的智慧含义是不同的。它主要是指主体在知识的获取、运用和生产过程中行为选择的"向善性"，此外，它也蕴含了主体在实践活动中与人交往的合作性、和谐性等"善"的倾向。对高校学生来说，行为的向善性意味着走上工作岗位后，他们的经济与技术行为的合理性与合法性。个人技术能力很强，如果缺少行为"向善性"的理念，缺少实践智慧，技术反而可能成为制造罪恶、伤害甚至毁灭人类的工具与"武器"，这已为人类历史所证实。高校课程建设应顺应技术发展和社会进步的需要，重视学生技术伦理观的形成，重视品性德行的陶冶，重视实践智慧的养成，课程目标应从单纯的重技术技能的训练转向重实践智慧的培养，注重将技能训练与道德修养结合起来，引导学生树立正确的技术价值观，模范地执行社会技术原则，用技术造福全人类。

（三）在课程价值取向上，走出单纯围绕生产世界对人的能力与素质要求的思维框架，实现学生职业能力发展与内在精神建构二者的有机结合

以职业能力为本位的课程观兴起于20世纪70年代的欧美国家，90年代初被引入我国。这一课程观对改变世界职业教育只重知识传授、忽视能力培养的偏向起了积极作用，是对传统学科型课程的一大变革，它更好地体现了职教课程的特色，也更有利于技术人才培养目标的实现。随着"入世"后我国经济的进一步发展以及高新技术的广泛应用，一些低技术岗位渐渐消失，智力成分和技术含量高的新型岗位不断涌现，因而职业岗位对就业人员的技术水平和综合素质要求更高，综合职业能力的培养在高校课程中的地位将更为突出。

但是，职业能力终究只是人们改造外部物质世界的一种能力，是人的一种外在发展形式，表现为学历证书和职业资格证书。职业能力始终是与生产世界联系在一起的，不管我们把"能力"理解得多么丰富和宽广，它也无法涵盖人的发展的另一个方面：以道德、情感、信念、意志、人格、自由、审美、价值理想等构成的精神世界的发展。而这些是人的全面发展目标中极为重要的因素。因此，将职业能力作为高校课程的全部价值所在是有悖于教育宗旨的，不利于学生的全面发展和学生谋求幸福生活。职业能力是一个人胜任工作、生活幸福的基础，但它并不必然保证工作出色、生活幸福。因为一个人要能完全胜任工

作并充分享受工作的欢乐，就应该懂得工作的社会学、历史学、心理学、文学的基础艺术的各个方面。

高校教育与技术能力、适应就业等关系密切，但它终究还是一种教育，而不是一种训练。训练不同于教育，训练只意味着特定技能的获得，天然的才能可以使训练效率更高而不养成新的态度与性情。教育是人的灵魂的教育、做人的教育，而非仅仅是知识的堆积和技能的提高。如果高校教育只教人"何以为生"的知识和本领，而放弃"为何而生"的内在目的，让人不能从人生的意义、生存的价值等根本问题上去认识和改变自己，抛弃塑造人自由心灵的神圣尺度，把一切教育的无限目的都化解为谋取生存适应的有限目的，那它也就"失去了一半的人性，失掉了一半的教育"，从而演变成一种训练"准职业者"的活动。因此，在高校课程的价值取向上，从注重培养学生的职业能力转向注重发展职业能力与建构内在精神的有机结合，超越技术生成与精神建构二者的对峙，是高校课程建设在今后一段时间里的主要奋斗目标。

五、网络课程建设及应用

网络课程是高校课程建设的重要内容，也是现代化教学离不开的教学模式。在高校课程建设中必须应用网络技术平台，丰富教学内容，让学生在信息化教育中赶上时代步伐，使学生在生存与发展中有更多的选项，有更多的能力建设为学生提供人生追求的目标。

随着信息技术和计算机网络的发展，网络在教育领域的应用日益广泛。各种网络资源和网络教学形式纷纷涌现，极大地推动了网络教学的发展。网络课程作为一种重要的教学手段，以前所未有的方式走进了课堂，冲击着传统的教育观念、教育模式、教育内容和教育评价，给学生带来了更为广阔的学习空间和多维的学习方式。

网络课程是热点问题，深受人们的青睐，因为网络课程给学生带来了更为广阔的学习空间、时间以及多维的学习方式，给学生提供方便，让学生更加自主地学习，不受任何约束，可以随时随地进行学习，为我们展示了未来网络教育的美好前景。但是，网络课程建设至今没有通用或统一的模式，在具体课程建设中仍有许多问题和不足。比如缺少规划，建设成效不高；内容不精，资源质量不高；忽视设计，教学效果不好；重建轻用，应用效益不高；缺少机制，教学应用不多。由于网络课程建设没有自身的规律性，只能依托先进的学习理论，因此只有遵循课程设计的基本原则，才能使网络课程真正具有生命。

（一）网络课程界定

"网络课程"是先进的教育思想、教学理论与学习理论指导下的基于 Web 的课程，其学习过程具有交互性、共享性、开放性、协作性和自主性等基本特征。

网络课件蕴含于网络课程，它与网络课程密切相连、相辅相成，要建设好网络课程，其首要任务必须建设与规划好网络课件，建立高效率的网络课件，只有这样才能建立高效率的网络课程。

（二）网络课程特征

网络课程具有交互性、共享性、开放性、自主性、协作性等鲜明特征。

（1）交互性。网络课程具有良好的交互功能，能让学生在网络环境下进行人际交互学习。

（2）共享性。网络课程具有信息资源共享的特点，通过 Internet 实现全球性的资源共享，为学习者提供方便、快捷、经济的资源共享方式。

（3）开放性。网络课程具有结构开放的特点，它不仅可以为学习者展示自身所蕴含的固定的教学内容和教学资源，还可以将与课程相关的资源链接扩展到整个 Internet 上，使学习者能够最大限度地全方位获取所需要的信息资源。

（4）自主性。网络课程具有自主学习的功能，使学习者按照一定的学习目标和要求采取适当的学习策略，进行网上学习活动并在网上进行自主学习评价，获得反馈信息。

（5）协作性。网络课程具有协作学习的功能，学习者可以不受时空限制，不仅能进行交流研讨，还可以利用适当的软件工具支持协同创作，使分布在不同地区的学习者与教师之间实现一对一、一对多、多对多的信息交流。

（三）网络教学模式

1. 教学模式界定

教学模式是在一定教学思想指导下建立起来的、较为固定的教学程序及其方法的策略体系，包括教学过程中诸要素的组合方式、教学程序及其相应的策略。

2. 教学模式的要素

教学活动存在于一定的空间和时间之中。在空间上，表现为根据一定的教学理论，处理、协调教学过程的各个要素在教学活动中的地位和相互关系；在时间上，表现为怎样安排教学活动的各个阶段或环节的程序。这样，不同的教学理论、教学目标、设计和组织师生活动的不同安排就构成了不同的教学模式。因此，教学模式一般包括以下要素。

（1）教学思想（理论）。即指导教学基本结构的教学理论或思想，它是教学模式所赖以形成的基础，为教学模式提供理论根源。

（2）教学目标。由于模式是为实现教学目标服务的，任何教学模式都要指向和完成一定的教学目标。教学目标是教学模式中的核心要素，直接反映了该模式的价值观，决定了实现目标的内容和方法选择以及运用策略、师生交往方式，它也是教学评价的标准和尺度。

（3）教学程序。各种教学模式都有其操作程序，确定教学活动中师生先做什么后做什么，按步骤完成任务。教学程序的实质在于处理好师生针对教学内容在时间序列上的实施。

（4）师生组合。在教学中，师生活动的方式、方法、任务、地位、关系，相互作用的不同配合是构成一定教学模式的主要因素。目前各种教学模式在师生地位、作用和关系方面，可分为三种形式：一是以教师讲授为主。二是教师启发，引导学生动脑、动口、动手获取知识。三是以学生自学、自己活动为主，教师提供一些帮助辅导。

（5）教学评价。由于不同的教学模式完成的教学目标、程序、师生组合不同，因而评价的方法与标准也就不同。所以每种教学模式一般都有自己的评价方法和标准。

3. 教学模式的类型

（1）社会模式（社会交往模式），着眼于人的社会发展和适应能力。

（2）个性模式，着眼于人的潜能和整个人格的发展。

（3）信息加工模式（认知模式），着眼于信息的获得、传播和发展。

（4）行为模式，着眼于学生学习习惯的控制和培养。

（四）教学设计

教学设计是网络课程建设的重要环节，在网络课程的实际开发活动中十分重要。教学设计是应用系统方法分析和研究教学问题和需求，确定解决它们的教学策略、教学方法和教学步骤，并对教学结果做出评价的一种计划过程与操作程序。主要包括教学目标的设计、教学策略的设计、教学内容的设计、教学信息传递方式的设计等。

1. 教学目标的设计

教学目标是课程设计的基础,课程的教学内容和教学过程主要由教学目标来确定,教学效果也以是否达到教学目标来衡量。

2. 教学策略的设计

教学策略一般是指对完成特定教学目标而采取的教学活动程序、方法、形式及媒体等因素的总体考虑,是网络课程设计的核心。

3. 教学内容的设计

教学内容是根据教学目标构建知识点体系,由下而上细化设置每一学习单元的教学内容。

4. 教学信息传递方式的设计

教学信息的传递首先考虑学习者的认知特点。此阶段的学生已具有一定的逻辑抽象思维能力;观察事物比较系统、客观;接受信息具有一定的组织、整合、选择、批判能力;学习目的较明确,注意力较集中,自学能力较强。

六、网络课程的结构

(一)网上学习系统

网络课程是以动态 Web 页的形式向学生发布的。学生进入课程学习的时候可以根据自己的情况选择相应的科目进行学习,包括课程的电子教案、多媒体课件、教学大纲、习题等。网络课程要有明确的导航,引导学生进行有效学习,以提高学习效率。

(二)网上答疑、讨论系统

网络课程的交流主要有三种形式:学生和教学内容之间、学生和教师之间、学生和学生之间。其中,学生之间的交流是最主要的,它可以减轻教师与学生交流的负担。

答疑是教学过程中的一个重要环节。网上答疑、讨论系统有效实现了师生之间及学生之间的交流。学生的发言可以显示在留言板上，从而提高学生的学习兴趣，促进学生积极思考。

（三）网上自测试系统

试题库中存放着由教师给出的多份各科试卷，学生能够调出试卷进行回答并提交，由系统自动批阅，统计成绩，并将有关信息反馈给学生以评价自己的学习效果。

（四）开放的教学环境系统

网络课程为学生提供相关书籍、相关网址、研究案例及参考文献的链接，使学生通过多种渠道获取知识，提高学习效率和对问题的理解，锻炼学生学习中独立思考的能力。

（五）学生档案系统

网上学习系统接受学生的注册，保留学生的档案信息，只有注册的学生才有权进入学习系统进行学习。这种系统便于管理人员对学习者进行管理。

现代教育技术是教育事业的重要组成部分，它有力地推动着教育教学改革。教学改革的大量实践表明，已经成为世界性潮流的教育技术发展，必将对未来教育发展起到不可估量的作用。

第二节　高校课程建设标准

一、高校课程建设的现状

随着教育改革和示范校建设任务的推进，高校教育课程建设取得了较为显著的成绩。但由于高校教育在我国起步相对较晚，在整体的课程模式和体系上仍存在着一些根本性的问题。

（一）学科本位思想在课程建设中仍根深蒂固

能力本位、工学结合的课程模式基本还停留在理念层面，在教学过程中仍沿用学科本位的课程体系和课程形式，从教学内容到方法、手段几乎没有向能力本位转换。同时，在精品课程建设过程中，忽略了以能力本位来统筹构建课程体系这一核心环节，使课程建设缺少系统性和能力培养的目标指向性，进而弱化了课程建设的整体效果。

（二）课程体系建设过程缺乏协调

课程体系建设是一项系统工程，需要教学主管部门、教学实施单位、用人单位和广大教师协调运作，同时，在教学计划、教学大纲、教材建设、考核方案、习题等文案材料等方面要给予支撑。各部门之间应通力合作、协调运转，在教学观念、教学手段和教学方法诸环节联动，达到预期的效果。

（三）重"形式"，轻"内容"，课程外观与实质"两张皮"

随着最近几年国家大力推行精品课建设，各高等院校也加大了课程建设的力度，在政策、资金和组织上给予了充分的支持。然而通过实地抽样调查，部分课程中的申报材料和文字表述非常符合职业教育理念，内容充实，手段先进，而实际在授课过程中，仍然大量沿用传统教授方法与形式，高校课程的实质并没有渗透到课堂教学中去，谈不上真正的工学结合、校企合作和教学做一体的职业教育课程的内涵。

（四）课程建设与企业需求缺乏衔接

高校教育就是就业教育，高校人才的培养应服务于区域经济的发展，因此专业定位、课程培养目标、教学内容应与企业实际需求实现近距离对接。但由于在课程建设中缺乏对专业所对应的岗位群进行工作过程系统分析，对于本课程所适应岗位群的能力结构和工种比较模糊，弱化了课程体系的科学性和适应性。同时，理论教学与实践教学仍独立划分，尚未进行真正的教学做一体的改革，使得学生难以形成高水平的职业技能与职业知识素质。

二、高校课程建设标准的内涵

高校教育课程标准是依据专业和课程定位，运用适当的方法和手段，对课程所对应的工作岗位进行深入调研，并进行工作过程系统化分析，参考相关的行业标准，将岗位技能形成课程知识与技能点，实现工作领域向学习领域的转化，并为后续的课程实施与课程评价奠定基础。其具有如下几个特征。

（一）课程标准的职业性

高校教育课程应充分参考国家相关行业标准和工作岗位职业能力需求，根据岗位的工作任务和岗位职责确定课程内容，根据岗位的工作过程确定课程的内容序列。因此，高校课程的教学质量标准应充分参考课程对应的工作岗位职业标准。

（二）课程标准的针对性

高校课程面向区域经济的需求设置，具有个性化特点。因此在设计课程标准时应针对不同的课程和工作岗位进行区别对待，如果用千篇一律的统一标准评价所有课程，则显得不够合理。同时，课程标准应随着时间、空间的变化不断更新。

（三）课程标准的全面性

高校教育课程标准应体现全面、系统的特点，建设主体要包含课程教学的全部参与对象，包括接受该课程教学的学生、企事业用人单位、相同或相近专业任课教师及课程专家等，内容也应包括课程定位、课程设计、课程内容、课程实施与考核等。

三、高校课程评价存在的问题

由于我国高等职业教育课程评价体系还不成熟，因此存在诸多问题，导致评价功能失调、评价重心偏失、评价内容片面、评价方法单调、评价标准机械、评价主体单一，忽视了评价主体多源、多向的价值，特别是忽视了学生的主体地位。具体包括：

（一）课程评价内容、结构不合理

受到传统教学评价模式的影响，现阶段高校课程评价存在着评价内容不全面，结构不合理的现象。重知识，轻技能；重记忆，轻创新；重理论，轻实践；重文案，轻实效的现象在高校课程评价中较为普遍，这与高等职业教育培养工作一线高素质技能型人才目标不吻合。

（二）重静态检查，轻动态评价

目前，高校课程评价中更注重行政部门的静态评价，主管部门及专家入校检查后，学生期中评价后即宣告课程评价的结束，缺乏对课程进行长期的动态跟踪评价，尚未形成定期与不定期、抽样与典型调查相结合的动态评价的长效机制。

（三）课程评价的主体不完整

高校课程的评价主体多是院校聘请的专家，同时考虑学生的意见，评价主体存在单一性，缺少用人单位、同行、毕业生的多方参与，评价结果有可能会产生偏颇。

（四）课程评价封闭进行

学校有关部门往往聘请与课程相关教师、专家对课程进行理论论证，少有学生参与。事实上，学生才是课程最直接的标的，享有一定的发言权，特别是已经毕业并有一定工作经历的毕业生，他们的看法应当是最有说服力的。

（五）课程评价指标体系不健全

目前，尚未真正形成一套科学合理的高校课程评价指标体系，现在沿用的评价指标多是在传统本科课程评审指标的基础上做了强调实践教学的部分变化而演变过来的，与高校教育的类型与特色不相吻合，其存在着指标过时、权重不合理的现象。

除上述问题之外，现有高校课程评价还存在着方法简单、流于形式和缺乏评价后的完善与再评价等缺陷。

四、高校课程评价指标建设原则

（一）职业性原则

高校课程评价指标体系应严格区分本科课程的评价，重点突出职业性。在评价内容、评价主体、评价方案等方面都应强调职业性，应科学、客观地反映职业教育规律，经得起职业教育改革与发展实践的检验，以就业为导向、以能力为本位，使课程评价具有实效性和职业性。

（二）多元化原则

课程评价是一项系统复杂的工程，为了全面分析、客观评价一门高校课程，则应坚持多元化原则。首先保证评价标准多元化，在制订评价标准时要充分考虑到学生综合素质的全面发展，又要兼顾个性化需求，既要遵从学生的认知规律，又要充分考虑企业的实际需求，同时还要和国家行业标准与职业资格证书相挂钩。其次是评价主体的多元化，高等职业教育直接面向生产经营第一线，为企业服务，高校课程评价主体必须同时兼顾企业、学生、学校和社会多个主体发展需要。最后是评价方式多元化，在评价中应采用全面调查与抽样调查相结合，定量调查与定性调查相结合，访谈调查与问卷调查相结合，截面数据与动态数据相结合，以获得更加全面系统的数据资料。

（三）开放性原则

在课程评价中不应该局限于某一门课程本身，应根据专业特点，拓宽课程职业知识与技能的辐射幅度与深度，注重知识的拓展与外延，强调知识的迁移，在建构主义和多元智能理论的背景下，强调高校课程学习的通透融合、相互整合，并随着社会经济发展和科技进步的不断更新，完成高素质技能型人才培养的目标。

（四）可实施性

课程评价最终要落实到具体的评价实践工作中，因此，评价指标的设计要充分考虑其可实施性。重点考虑在成本、方法、可测量和简易性方面是否可行，否则必须进行调整或舍弃。

五、高校课程评价指标体系的构建

自20世纪60年代起，课程评价越来越受到人们的重视，出现了多种评价模式，如CIPP评价模式[背景评价（Context Evaluation）、输入评价（Input Evaluation）、过程评价（Process Evaluation）、结果评价（Product Evaluation）]、泰勒的目标模式、自然探究模式、鉴赏评价模式、应答模式、

CSE（Center for Study of Evaluation，以加利福尼亚大学评价研究中心命名的评价模式）评价模式等。其中，CIPP 模式是一种整合型的评价模式。它由四种评价方式组成，并用这四种评价方式的第一个英文字母命名，即背景评价、输入评价、过程评价、结果评价。CIPP 模式认为，评价是为做出某种决策而描述、获得和提供有用信息的过程。其中，背景评价是课程开发过程的基础，它决定是否需要开发一门课程，如课程的定位、课程所对应的岗位群、课程在人才培养方案中的地位与作用等；输入评价决定用什么资源和策略实现课程的目的和目标，如师资、软硬件教学环境等；过程评价指向课程实施的环节，集中于判定课程对在校学生的作用；结果评价指向课程最终的结果，集中于考察课程对学生、学校、企业和社会的影响。背景评价和输入评价用于课程设计阶段，过程评价指课程的实施阶段，结果评价则指向课程的总结与完善阶段。基于上述理论以及高校教育的理念与特点，高校课程评价应分为课程设置、课程实施和课程效果三个层次，在此基础上进行细分，以教师、教育管理者、学生和用人单位为调查对象，以问卷和访谈法为主，辅以德尔菲法和头脑风暴法，经过汇总形成高校课程的评价指标体系。高校课程评价指标体系应采用逐级汇总的方式，三级指标在量表打分的基础上进行标准化，再逐级向上一层次汇总，直至形成最终的课程评价成绩。在评价过程中，应注意评价过程中的定量性、准确性和经济性，同时应注重评价指标体系的不断更新与完善。

六、教师观念角色的转变

（一）从"知识权威"向"学习者"角色的转变

教师必须根据用人单位调研及专业培养目标对课程的要求，与企业人员一起进行能力需求分析，研究确定课程定位，确定课程新的能力目标、知识目标和素质拓展目标。这就要求，教师必须走出书斋，进行充分的市场调研，然后才能确定适切的课程目标。课程项目不是简单的实验实训项目,它是以岗位工作过程中提炼出来的、在一定时间范围内完成一件具体的、具有实际应用价值的产品为目的的特定任务,具有典型性、代表性、实战性、结果可展示性及可操作性的特定工作。这就要求,教师必须立足实践,深入企业,自觉加强学习,丰富自身的实践知识,这样才能完全胜任教学工作。与此同时,课程重视学生主体性的特点,在课程实施过程中要求教师耐心聆听,充分信任学生的能力,尊重学生表达的权利,与学生一起研究问题。这不仅会使教师更清晰地审视学生的工作,更能够清晰地认识到自身工作的不足,从而实现教学相长。这是因为,工作实践中的许多问题都超出了教师的专业领域,问题解决所需求的知识面是十分宽广的,教师在专业知识方面的优势往往并不明显,并且实际工作场景的复杂性、情景性往往超越了专业知识范围。

(二)课程实施从"独白"向"对话"的转变

课程实施要充分肯定人的合作能力、表达能力、知识应用能力等的重要作用,重视与职业岗位的工作要求完全接轨。在课程的实施过程中,必须建立一种新型的师生关系。教学由教师过去的"独白"变为师生"对话"。从先前的教师为主角变成了教师与学生双主角,整个课程教学必须保障学生充分的话语权。课程针对的不是知识本身,而是结构和问题情景。教师已不是单纯的知识灌输者,学生也不再是被动的接收者,学生的"身份"变成了完成工作任务的"职业人",是工作岗位上的技术员、操作员或营销员,角色发生了变化,而教师此时只是一个拥有相对丰富知识经验的"工友"和朋友,对任何一个环节,谁都有发言权,谁拥有经验和学问,谁就拥有优先发言权,并且发言权本身应该得到尊重。这样,学生的责任心、积极性才能得到提高,主体意识也会明显增强。

（三）从知识内容的传"道"者向课程的设计者和组织者转变

在课程的实施中，课程目标的确定突出能力目标，即通过本门课程的学习突出学生能"做什么"，而非传统的知识目标，突出学生能"掌握什么"。但突出强调能力目标的同时，也不能忽略知识目标，须将知识的学习融合到能力训练中去，并且在教学环节内有知识的归纳和提升。否则，完全脱离知识目标的课程学习，只会是一盘散沙。这就要求，教师仅仅当一个好的传"道"先生是不够的，从根本上还应是个称职的课程设计和组织者。

在课程内容的组织方面，教师首先要打破思维定式，以满足理解工作过程为基本原则，围绕职业能力的实现，将学科性课程中有关的理论知识按照一定的规律分配渗透到各项目中去，不要求学生掌握一个课程项目所需要的所有知识，而是在课程项目的逐个完成过程中来掌握这些知识。同时，每个课程项目应该有其能力培养的侧重点，注意每个课程项目的设置不宜过大，以免支撑的理论知识太多，导致教学组织比较困难，防止过犹不及的问题。学生由于知识和阅历的限制，他们关注的范围是有限的，教师还应从宏观上把握课程，帮助学生拟定，随时给学生必要的支持和帮助，把学生的探索热情引到正确的方向上来，将每一堂课控制在一定的程度内，在一定的层面上有限度的深入和展开。

在课程实施方面，教师要重点把握知识与工作任务之间的联系，以结果为参照点，把过程与结果统一起来，而且要加强对操作细节的分析，能把操作经验、操作诀窍等默会知识纳入进去，因为细节往往影响职业能力的形成。要避免以工作任务为参照点重新剪裁原有的理论知识体系的倾向。

课程考核方面，教师应综合课程教学的导向、调控、选择、发展等多种功能，遵照课程考核的实践性、过程性、创新性、客观性、公平性原则，合理设计考核方案，突出学生工作能力的应用、学习训练的过程，重视学生职业核心能力和创新能力的考核。

应当看到，教师角色的改变，并没有否认教师"传道、授业、解惑"的知识传授者作用，也没有否认接受性学习的重要性。因为过去过多地倚重教师的传授，忽略了学生在课程学习中主体性的发挥。重视教学策略和过程中教师角色的转换，本质上是为了促进学生职业能力的发展，突出学生学习方式的转变，以立体培养的方式实现学生知识、技能、素质的整体推进。

第五章 现代化教师队伍建设策略

随着知识经济的发展,高校功能发生了显著变化,从人才培养作为主要功能向人才培养、科学研究和社会服务三大基本功能转化,这就对师资管理提出了新的要求,教师面临的职业冲突促使师资管理必须进行改革。高校建立适应知识经济的现代师资管理新模式,是指在对教师资源的取得、开发、利用和保持等方面,进行计划、组织、指挥和控制,使人力、物力保持最佳比例,以充分发挥教师的潜力,提高工作效率,实现学校目标的管理活动。其基本任务是根据学校发展战略的要求,通过有计划地引进人才、选留人才、培养人才、挖掘人才,并对人才资源进行合理配置,搞好现有师资的培训和智力资源开发,采取各种措施,激发广大教师的积极性,促进学校办学效益的提高。

高等教育大众化的快速到来对中国的高等学校来说既是一次大发展的机遇,也是一次非常严峻的挑战。高等学校作为培养高层次人才的摇篮,在当今的教育创新体系中处在时代的前沿,发挥着极其重要的作用。办好高等教育,教师是主体,师资管理是关键。高校教师资源是高校教育资源中的第一资源,它是活的资源,能动的资源。21世纪是知识经济的时代,高素质的教师资源在社会生活中的作用日益显著。因此,如何以新的理念、新的思路和新的机制促进高校教师队伍建设,建立适应知识经济的现代师资管理新模式,已成为目前高校迫切需要解决的重要课题。

本章从树立"以人为本"的人本管理思想、建立产学研战略联盟、构建国际化培养模式三个层面来探究构建现代师资管理新模式,加强对高校教师人力资源的开发与管理，合理有效地配置资源，充分发挥教师的潜力，调动教师的积极性、主动性，促进教师的全面发展，力求打造一支高水平、高素质的教师队伍，以利于培育更多的优秀人才、产出更多的科研成果，从而推动高等教育的发展。

第一节 树立"以人为本"的人本管理思想

人本管理思想兴起于 20 世纪 60 年代，它强调管理活动要以人为中心，认为管理活动的目的在于激发人的积极性、创造性，在于挖掘人的潜能，进而实现人的价值。"以人为本"是一个源远流长的命题。在这一理念的熏陶下，学者治校、尊师爱生、因材施教、有教无类、诲人不倦，一直是高等学校最重要的价值追求。然而，在现代社会，由于长期以来面临着社会投资与回报的巨大压力，我国包括世界主要国家的高等学校，总是把效率，包括人才培养的效率、科学研究的效率与社会服务的效率作为衡量其工作的最重要指标。作为引领社会文化发展的发祥地的高等学校其实并不是最具有人文关怀的场所。高等学校由于人文关怀的缺少，高等学校教职员工的积极性并没有能得到充分的调动，高等学校管理效率并没有得到真正的提高，从而限制了高等学校的发展。因此，高等学校必须创新教师队伍管理模式，树立"以人为本"的人本管理思想，建立和健全能充分发挥人的积极性、主动性和创造性的人本管理模式。

一、"以人为本"的概念界定

"以人为本"就是以人的生存、生命与发展作为一切工作的根本。它承认人的价值和尊严，相信人的本性、潜能、经验、价值、生命意义、创造力和自我实现。它认为人皆蕴藏潜能，人性是积极的、建设性的。以人为本的价值取向集中于改进社会人际关系，消除攻击性的根源，促进自我实现的进程，其应用就在于人本化管理。以人为本管理就是以人为中心的管理设计。从本质上说，就是要根据人的心理规律、思想规律，通过尊重人、关心人、激励人、改善人际关系等方法，充分发挥人的积极性和创造性，从而提高劳动效率与管理效率。

以人为本的管理，顾名思义是指管理中以人为本位。人本管理的应用将从根本上推动当前高校人事管理走上新的高度，有助于根除传统旧弊端，弥补高校改革带来的新问题，进而促进高校人事管理体制的完善，实现公平与效率兼顾。而高校人事管理的人本化则应表现在制度化管理之中与制度化管理之外为教职工营造良好的发展空间与人本氛围。

尽管我国各类高校的人事管理早已引入"人本管理"的概念，并付诸实践，但就其实际操作与功效而言，存在着相当的局限性，进而导致人本管理的实践停留在较为基础的阶段，诸如福利、津贴等物质性关怀以及上级领导部门与工会组织的人道关怀等方面。然而，"以人为本"决不能只限于此，"以人为本"更本质地应体现在对人生命的尊重、对人性的理解与对人自身价值追求的关注与承认上。

二、人本管理与"以人为本"的人力资源管理

1. 从整体的角度来剖析人本管理的内涵

（1）人本管理是建立在"重视人的价值与自由"基础之上的，也就是说人本管理中的人是具有独立人格的人。这与我国社会主义市场经济的现实相符合，因为市场经济是以个人能动性的充分发挥为基础的。人本管理的价值规范是尊重人，其价值取向是团队精神。

（2）人本管理是一个包括思想、方法、模式的系统工程。人本管理不仅

是一种管理思想、道德伦理观，还包含一系列先进的管理方法，更重要的是它有自己独特的合乎人性的管理模式，将道德与法律、制度与文化有机地结合在一起。从实践的角度来看，人本管理包含价值观管理、行为管理与制度管理三个层次。

（3）人是管理的出发点与目的。从管理要素的角度来看，人是最具能动性和创造力的要素，通过科学的人本管理，能调动员工的积极性与创造能力，提升组织管理水平，促进组织实现自身的目标。同时，从管理的目的来看，一切管理活动均是为了人的全面发展。

（4）人本管理中的人是社会人。它把人看作是物质与精神、理性与非理性的社会关系的聚合体——既具有自然属性，又有精神属性，更具有社会属性。

2. 人本管理与"以人为本"的人力资源管理

人本管理的范畴比人力资源管理的范畴要大得多。可以认为人力资源管理是人本管理的一个部分，是人本管理在人力资源管理领域的应用。当然，人力资源管理更加注重人力资源管理自身的发展脉络。

管理理论与实践发展到现代，已经历了三个阶段，并进入了管理学的最新发展时期。以人为本的管理是新阶段的重要特征，也是现代管理的新趋势。康德有一句名言：人是目的，而不是手段。这句话言简意赅，包含着深刻的哲理：强调人的尊严，提高人的价值观念。在管理学的整个发展过程中，"人"始终是一个基本的概念。任何一种管理理论，都是依据对人的一定看法提出来的，各种管理理论的区别，归根到底是由于对人的理解不同。

在管理学的发展过程中，"经济人"、"社会人"和"复杂人"等人性观点的相继提出，表现了人始终是管理的主要对象，以及对人的认识的步步深入。这种认识每前进一步，人在管理中的地位也就被提高了一步。

把人作为目的的人本管理在处理人与组织的关系时，并不否定和排斥组织的目标，相反，把人的自我发展和自我完善作为组织目标的组成部分。提高人的素质、发展人的才干、改善人的价值观念和人格系统、增强人的创造力和意志力，以及提高人的生活质量等这些属于人类文明的目标，都是组织目标的重要内容。

人本管理致力于人的发展与完善，实现人的全面发展，因而必然注重人本身的资源，强调开发人的潜能与创造力。以人为手段，以控制人、支配人为目的的管理，不可避免地会以严格的、无法逃避和无法抗拒的方式对人进行塑造、制约和安排。在这样的情况下，人们只会表现出一种"复制力"而不会发挥创造力。

以人为目的的人本管理把人本身当作成就，认为人越强大，强大的人越多，管理就越有效。因此，人本管理奉行的是一种强者逻辑，致力于人的建设，把发掘人的潜在的创造力，并且使之转化为贡献，作为一个至高无上的目标来看待。这样，人们就会因此变得更有价值，更接近于自我实现和自我完善。

"能本管理"源于"人本管理"又高于"人本管理"。所谓"能本管理"，是一种以人的创新能力为核心的管理，是人本管理发展的新阶段。其总目标是通过采取各种行之有效的方法，最大限度地发挥每个人的潜能，从而实现能力价值的最大化。建立在用工制度、用人制度、分配制度和领导制度等方面的能本管理制度，是实现"能本管理"目标的有效途径。"以人为本"是现代管理的一个基本原则和理念，然而，在知识经济和信息经济时代，人的实践创新能力这一人的核心本质将日益凸显出来，以人的创新能力为核心内容的人力资本也将在经济发展中日益发挥着主导作用。从这个意义上讲，应当把"以人为本"

提升到以人的能力为本的层次上。因而，以人的能力为本，是更高层次和意义上的"以人为本"，"能本管理"也是更高阶段、更高层次和更新意义上的"人本管理"，是人本管理的新发展。

三、"以人为本"高校师资管理的内涵

1. "以人为本"管理思想的内涵

"以人为本"管理思想，顾名思义是指管理中用人本化的理念，承认人的价值和尊严，相信人的本性、潜能、经验、价值、生命意义、创造力和自我实现；认为人皆蕴藏潜能，人性是积极的、建设性与社会性的。"以人为本"的价值取向集中于改进社会人际关系，消除攻击性的根源，促进自我实现的进程，其应用就在于人本化管理。"以人为本"管理就是以人为中心的管理设计。从本质上说，就是要根据人的心理规律、思想规律，通过尊重人、关心人、激励人、改善人际关系等方法，充分发挥人的积极性和创造性，从而提高劳动效率和管理效率。在管理中坚持"以人为本"就是在尊重人的主体地位的前提下通过调动人的主动性、积极性和创造性以实现组织的目标并促进人的全面发展。

"以人为本"还可以表达一种现代管理思想和经营思想。在人类实践活动中存在着管理。管理要管物，也要管人。曾经管理以管物为主，把人也当作物来管，这就是"物本"管理思想。现代管理思想强调管理要以管人为主，而且要把人当作人来管，要尊重人、关心人，调动人的积极性、创造性，这就是"人本"管理思想，作为一种经营观念，"以人为本"就是要求经营者为顾客着想，尊重顾客，把顾客看作是"上帝"，与"物本"的管理思想不同。需要指出的是，要防止"以人为本"走向自己的反面，而成为一些人谋利和美化自己的工具。

2. "以人为本"高校师资管理的内涵

教育要"以人为本",对教师职业的理解同样要"以人为本",这是实现"以人为本"高校师资管理的前提。

高校教师作为一个拥有高新技术的知识群体,要求有相对独立的控制权,具备高级劳动的创造、创新机能。在目前的社会条件下,高校教师对较低层次的生理、安全、归属等的需求基本满足,与其他群体相比,他们特别需要的是得到尊重和价值的自我实现的需求与满足。高校教师满意及激励的因素,包括教师工作满意度、工作本身的激励度、成就感、报酬合理程度、同事之间的相互关怀与帮助、对晋升制度的满意度、组织福利条件等。以赫兹伯格的"激励-保障"理论为基础,经研究和调查发现,与高校教师满意度相关性最大的十个激励因素中的前3位是工作有充实感、学校的晋升制度、工作有成就感,说明这3个因素是激励教师的最重要因素。

高校的人本管理,就是要以人才为本。因此在管理思想方面要认识到"以人为本"促进经济社会和人的全面发展,也是科学的教育发展观和现代管理思想的核心。传统的高校人事制度以事为本,对人的关注相对较弱,具体表现在对学校的评价上,所有指标均偏重于对教学、科研、社会服务最终结果的考核,在人与事的关系上,价值观的天平倾向于事,事的地位超过人,事的重要性取代了人。这是造成高校人事制度改革滞后于校内其他改革的重要原因。衡量人事制度改革成功与否,主要应看教师的积极性是否被充分调动和发挥出来。因此,高校新一轮人事制度改革应以人力资源的开发与利用取代传统的人事管理办法,真正树立以人为中心的管理观念,把人事制度改革的重心从"以事为本"转到"以人为本",激活生产力基本要素中最活跃的因素,同时,实行人性化管理,注重人文关怀,促进人的全面发展。

在管理模式上，要从人事管理转变为战略人力资源管理。目前高校人事管理部门一般是人事处，但人事处和人力资源部是两个不同的部门。人事处是具体的行政管理职能部门，其职责是组织各部门人员的调配、考核、培训，人事档案、劳资标准的管理和制定等。人力资源部是研究开发部门，它的职责重心是为组织未来发展的人员配置作储备。人力是资本，对人力资本要有研究开发和日常管理。高校是人才密集之地，更应该建立起真正意义上的人力资源管理部门，并充分发挥其作用，在保证学校发展的同时能够帮助教职工在个人职业生涯上的发展与进步。高校战略性人力资源管理是指高校为达到目标对教职工资源的各种部署和活动进行计划的模式，其核心任务是为学校构建智力资本优势。实行战略性人力资源管理，要求高校在深化人事制度改革时，必须强调人力资源战略与组织战略的有机紧密匹配和整合，在推动学校发展的同时，注重教职工个体的共同发展；进一步突出人本管理，更注重教职工权益的保障，尊重教师个人发展以及相应校园文化的塑造，开发教职工个体的潜能，体现以人为本、以人才为本和人校合一、共同发展的战略思想。

多年的改革实践告诉我们：高等学校的内部管理，人扮演着越来越重要的角色。以往高校管理中的重量不重质、重物不重人的思维定式，加上主要是限制人的各种规范，较少考虑人的各种实际需求，不利于发挥管理者、施教者、受教育者的积极性和创造性，甚至扼杀了个性的发展。建立在哲学、管理学、心理学等理论基础之上的"以人为本"观念在此时得到弘扬，对高等教育管理活动来说具有重大意义。在人与事这一对矛盾中，主导的方面是人。管理都要通过人去做成事，任何管理都必须依靠人，最终目的都是为了人。人在管理中既是手段，又是目的。依靠人、为了人，就是"人为""为人"，这是"以人为本"的关键。"以人为本"的管理要求我们在管理中首先要做到创造一个人尽其才、人才辈出的机制与环境，在未来的竞争中占领拥有大批优秀人才的制高点。其次要尊重人、关心人、理解人，了解人的需要，激励人的积极性，尊重人的自主性，把个人目标和组织目标统一起来，做到人人都是管理者，人人都是被管理者，是管理主体和管理客体的统一。因此，必须以人为本与以制度为规范相结合。以人为本和以事为中心的统一、以人为本和以制度为规范的统一、讲求效率与讲求效益的统一、工具理性与价值理性的统一，这些都是现代高等教育管理活动中不可偏废的矛盾统一体。

21世纪人力资源管理开始产生结构性的变化，管理的模式也由原来的金字塔式的刚性管理，开始向刚性管理和柔性管理相结合的刚柔相济的新的管理方式转变。因此，以人为本，充分调动人的积极性和主动性，并不意味着就不需要一定的规范和制度限制。但是，必须保证规章制度的科学性、可行性、稳定性。规章制度必须要反映高校组织成员的共同愿望，使其具有群众基础，成为人们的自觉要求，这就要在制度的制定中保证管理者、施教者、受教育者的参与，实行民主管理，走从群众中来，到群众中去的路线。否则，这些法规、制度、规章就成为高校组织成员的思想包袱，更何谈主动性、创造性的发挥。

四、"以人为本"是高校人力资源管理的新特点

1. 与企业组织相比，大学组织尤其要把满足教师内部用户的发展需要确定为首要目标

这一特点在办学水平越高的高校越能印证。严格意义上说，这是上述论点的自然演绎。这里将其单独列为一条，另一层意思是表明学校办学水平、办学层次及办学特色不同，组织的发展目标及教师个体发展目标相应不同，因此人力资源管理与开发的具体目标和侧重点也会有所不同，即分类管理。

目前我国大学大致分为教学型、教学科研型、科研教学型与研究型等几大类型。判定学校归类哪一种类型，主要是看其科学研究工作在学校工作中所处的地位。教学工作占主导、不太注重科学研究的大学称为教学型，而科学研究占主导地位、科研水平较高的称为研究型，介于其间是余下两类学校。大学的研究性越强，教师个体包括团队或课题组学术性工作越重要。高校科研等学术性劳动的特征，恰恰成为学校目标与教师个性目标具有内在的统一性与一致性的依据。从外部来看，则表现为满足教师的发展需要成为组织的首要目标。

2.大学人事管理更加集中于激励，并以此来加强组织的竞争力，树立良好的组织形象

战略性人力资源管理，仍然秉承了人力资源管理的若干普遍特征，那就是管理的核心是通过对人才激励的创新过程，来达到人力资本价值的实现和增值，并进而提升组织的竞争优势。对在组织中的地位与实现组织战略目标而言，战略性人力资源管理"至关重要"，因此在人力资源管理的策略上强调以激励为主，在高校中，具体表现为：一是加大激励的强度，无论是拉大分配差距，对成绩突出、取得重大创新成就者予以重奖，还是在此基础上实现高校人力资源的分层管理，"集中于激励"的策略是主要依据之一。所谓分层管理，就是依据不同层次教师对学校发展贡献的大小，尤其是在学校学科发展与科学研究中的作用，建立相应的价值评价体系及评价机制、价值分配体系，以多元的价值分配形式，包括职权、机会、薪酬、福利的分配等，从而实现有效的激励。二是通过评价体系、价值分配体系等有效激励机制的建立，整合、培育和发展组织核心文化。比如精神驱动文化，其根本目的就是创造一个激励员工的环境，以此促进释放员工的无限能量、创造力和热情来实现或达到竞争优势。这也是将组织的核心文化与吸引、培育、发展和留住优秀人才的人力资源管理整合在一起。

3. 在组织结构上，要求建立扁平化、网络化学习型组织，同时，要求组织具有柔性

具有柔性的人力资源管理系统能为组织提供快速、便捷适应不断变化环境要求的能力。随着社会经济和科学技术的发展，传统的组织结构正面临极大的挑战。组织已日益变得扁平化、开放化，组织层级在逐步减少，充分授权、民主管理、自我管理等网络组织的基本特征已经出现，以团队为基础的组织及其管理方式正在出现。在大学组织中，网络化组织的基本特征表现得更为明显。在一个以知识工作者为主的大学组织中，以某一学科或某一研究方向组成的学术团队，或者经常一起承接科研项目的课题组，正在成为学校越来越重要的基层组织，这样的学术团队的发展目标与利益是一致的。系、教研组这种传统的组织中间层次正在逐步淡出，终将被校、院和上述动态的学术团队这种扁平化、开放式的具有网络化组织特征的组织结构取代。

由于组织外部环境要求和形势的不断变化，以及教师资源流动、资源全球配置与开放式办学等所体现出的组织开放性，管理制度越来越有弹性，组织变得具有柔性。适应性和柔性对组织效率都是必要的。这是组织在不稳定环境中，使教师员工和组织能力适应竞争优势的变化需求的根本途径。

从以上这些核心论点的阐述中，我们可以归纳出战略性教师资源管理，至少具有以下特点和特征。

（1）人力资源战略与组织战略的有机紧密匹配、整合和强调组织与员工个体共同发展，是战略性人力资源与人事管理和传统人力资源管理最显著的区别。

（2）将组织的注意力集中于改变结构和文化，组织效率和业绩，组织和教师个体特殊能力和潜能的充分开发，以及管理变革。

（3）进一步突出"人本管理"和"能本管理"，更注重教师权益的保障，尊重教师个人发展以及相应组织文化的塑造，体现出一种"以人为本"和"人校合一，共同发展"的战略思想。

第二节　建立产学研战略联盟

产学研合作是指企业、高等学校和科研机构三方从共同发展、优势互补、互利互惠的原则出发进行的合作与交流。产学研合作教育是将高等院校、科研机构和企业的所有可用资源整合起来，采取课堂理论教学与校内外实践教学结合的形式培养社会和企业需要的应用型人才的一种教育模式。在产学研合作中教师是教育的实施主体，教师队伍的素质和能力对应用型人才培养目标的实现有着至关重要的作用，随着产学研合作在高校、科研机构与企业的不断深入，建设一支理论知识扎实、实践经验丰富、适应产学研合作的教师队伍是新形势下高校师资队伍建设的重要内容。

产学研战略联盟是高校、科研机构和企业之间实现互利共赢的新的发展形式，也是高校与产业界加深联系的重要通道，产学研三方合作目标的实现很大程度上依赖于产学研三方资源共享的实现以及资源共享的程度。人力资源是第一资源，物质资源和自然资源的开发和利用总是有限度的，只有人力资源才能激发出无限的潜能。因此，改革高校人事管理机制，打破高校师资管理机制的壁垒，全方位地促进产学研师资发展，从而有效推进教师教育创新改革，促进高等学校的发展。

一、产学研战略联盟的内涵

战略联盟其概念首先由简·霍普兰德（J.Hopland）和罗杰·奈杰尔（R.Nigel）

提出，随后在管理界和产业界引起了广泛的讨论和重视。战略联盟也被认为是20世纪末以来最重要的组织创新形式，它是指两家或两家以上的组织机构为了实现既定目标，相互结合各自的组织形式和有效利用自身的优势建立起的一种同盟关系，它不同于公司的合并和收购，而是一种采用协议形式共同承担风险、共同分享利益的合作形式。

产学研合作发展到现在的阶段，由于暴露出很多问题，如利益分配不均问题、知识产权归属问题、风险承担不明确等问题。为了形成产学研更加稳定的合作形式，保证合作的长期稳定，实现共同发展、共同进步和共同受益的目标，产学研战略联盟应运而生。产学研战略联盟是一种全新的合作形式，是为了适应国家创新系统的发展，保持产学研各方长期的、稳定的、互惠的、共生的协作关系而产生的。

建立产学研战略联盟的目的是处理复杂的技术难题，为了产学研各方维系长期的合作关系，既要增强企业竞争力又要推动高校技术转换。这种方式能够促使不同层次的人才培养和人才管理机制的建立，实现长远利益和优势互补，解决最近创新成果在实际中的应用和检验问题，促进更多创新的产生和科技的快速发展，是一项战略性的组织变革。

随着科技创新的不断深化，研发技术的强度和风险都在增加，市场的竞争更加激烈，只有建立创新型组织和领先战略规划才能适应新形势的要求，才能在技术革新潮流中生存和壮大。产学研战略联盟的出现正是解决困境的有效形式，它保证高校和科研机构利用自身的优势资源，加强与企业的合作，构建技术创新平台，把握技术前沿。企业能够整合可以利用的各方资源，实现知识共享，降低创新风险和研发成本，提升企业核心竞争力，持续增强研发能力和成果转化能力。

在产学研战略联盟的促进下，高校也参与市场竞争，能够把研究水平提升到市场检验的高度。教学质量和目标也能够更加清晰，可以强化其服务社会的功能，从而促使高校提升自我能力。这不仅能够推动研究型高校向创业型高校迈进，还能够实现和完善应用型、创新型人才的培养。

在国家层面上，2008年科技部、财政部等部门在《关于推动产业技术创新战略联盟构建的指导意见》中出提出构建产业技术创新战略联盟，明确了由高校、企业和科研机构组成的战略联盟，以提升产业技术创新能力为目标，其基础是企业技术发展、高校研究理论和科研机构的成果转化，并用法律约束力的契约形式保证知识产权明晰，风险和责任分配问题明确，避免知识在市场中被剽窃，从而形成优势互补的联合开发创新合作组织。为保证这种组织形式的长期稳定，要实现市场利益共分享，过程风险共担待。

综合以上国内外和政府部门对产学研战略联盟的理解，笔者认为产学研战略联盟是指企业、高校和科研机构为了达到加快科研技术成果转化、促进科技研发创新、共同获益的战略目标，高校、企业和科研机构结合自身优势，从共同利益出发，遵循共同承担风险、共同分享利益的原则，以契约或协议等为保障，实现资源共享的一种合作形式。

二、产学研战略联盟的特点

1. 战略性的联盟

由于产学研战略联盟是产学研三方为了从本行业中构建合作联盟突破发展而形成的，所以这种合作方式更加深入和持久。为了在国家科技创新中发挥一定的作用，产学研三方将人员优势、物质资源优势、技术优势优化组合，从而能够提升联盟解决重大课题、关键性项目的能力。正是面向建设创新型国家的现实需要，教育部科学技术委员会设立了战略研究重大专项，即在新形势下产学研战略联盟创新与发展研究。这些方面就决定了产学研战略联盟具有战略性的特点，它具有战略性、系统性的目标导向，是建设创新型国家的战略路径。

2. 多样的联盟形式

随着科研技术创新的深入开展，产学研战略联盟得到了广泛重视，建立的联盟形式也日趋多样化，联盟的形式主要可以归纳为四种：一是产学研各方的联合攻关，这种联合攻关往往以行业和区域内的重大科研项目作为依托，产学研各方共同攻克关键技术和核心技术，从而促进新兴战略性产业、支柱产业和高新技术产业的发展。二是产学研各方对有使用价值的新技术进行联合开发，联合建立行业创新平台、成果孵化基地、区域研发中心和虚拟创新网络平台等，使得科技成果产业化，形成服务社会的创新研发平台。三是联合建立股权式的创新型科技企业，这种形式的联盟也是市场改革的新方向，有助于提升高校知名度和产业的国际竞争力。四是产学研合作各方共建创新型人才培养基地，使得高层次创新人才通过这种体系得到能力的提高。

3. 稳定的组织形式

产学研合作的发展在产生很多问题的同时，也对这方面法律的发展和完善有一定的促进作用。因此，在现有法律和契约的规范与约束下，产学研战略联盟能够形成更加稳定的组织形式。

在我国，契约型产学研合作是最主要的法律约束方式，联盟成员间以合同或协议为法律约束，为了保障各主体间的责权，避免知识产权或纠纷等问题，在这种约束中，明确了联盟的利益分配、风险承担、最终产权归属等事项，以保证联盟成果的合理分配和形成高效的组织管理模式。

4. 利益与风险并存

产学研战略联盟是有效降低交易成本、优化资源配置、提高创新效率的组织形式，要求成员之间实行利益共享、风险共担，这是产学研战略联盟的本质特征。产学研战略联盟在科研创新运用中会遇到技术风险，技术创新是一项复杂的高风险、高成本的工程，科技成果在市场中不能被接受会造成人力物力成本的损失；在科研过程和市场推广过程中，技术管理和人员管理都存在风险，一旦管理不善造成技术机密泄露，关键人员退出，整个工程将前功尽弃，损失严重；科研创新如果得不到政府和社会的信任，会造成信任风险；最后形成的知识产权归属不明确，会造成知识产权风险等。

但是，基于三方的优势互补，产学研战略联盟能够合理地解决管理、技术和知识产权等风险问题。成员会尽全力实现各自的产学研合作目标，当技术转化为成果得到市场验证后，成员在承担风险的同时可以获得丰厚的回报，作为一种正反馈，联盟成员会在后续合作中保持这种模式，更加成熟地面对科研技术创新。经过一段时间建立了有效的管理和组织模式，战略联盟就能够获得持续性的发展动力，同时也能够获得长期的经济回报，战略联盟的这种特性可以加快科技成果的转化率，降低科技研发成本，同时，可以实现创新型人才的培养，形成企业、高校和科研机构联盟组织的创新文化，实现共赢的策略。而联盟创造的利润和知识产权转化为专利和技术成果，也是联盟重要的资源财富。

5. 广泛的合作边界

产学研战略联盟为了自身的发展会寻求多样化的资金来源，包括政府的专项经费与地方政府的配套经费、联合申请基金项目、社会基金投入、企业的研究经费等。由于产学研战略联盟三方联系的日益紧密与合作程度的加深，合作的范围变得更加广泛，资金主体参与者更加多样化，涉及的组织结构类型也越来越多。带来的好处是各种合作项目相继出现，如大学科技园、共建研发实体和共建研究机构等。

随着不同学科互相交叉与融合，产学研三方合作的边界越来越广泛，学科链与产业链的结合更加紧密和复杂。随着民营经济的发展，很多联盟共同体也如雨后春笋般出现，产学研合作的边界与壁垒不断消解。在很多学科和产业中产生了更广泛的合作内容，使得人才、资源、信息形成网络式发展，研究范围更加广泛。

6.互补的资源优势

协同学观点认为，一个系统有序运行的关键是组成系统的各个主体能否相互协同作用，实现结构和功能的有序性。产学研战略联盟是三个相关主体投入各自的优势资源和能力共同进行技术开发的协同创新活动。首先，高校拥有高水平的研究理论基础和人才队伍。高校是专门从事教育的机构，其科研设备先进并拥有大批学术水平高、科研能力强的人员，高校是输出高水平人才和知识技术创新的第一基地。其次，企业是科技成果转化的生产者，企业为了满足市场需求而生产销售相应的产品，同时企业也是科技创新的使用者，所以，企业拥有将科技成果商品化和产业化的能力。最后，科研机构能为企业提供研发资源和技术支持，因为它是应用性基础研究和产业共性技术研究的基地，是将科学理论和科技应用有效结合的组织。

可以看出，三种组织分别拥有科研机构的研发优势及人才资源、雄厚的资金优势和良好的实验环境。产学研应形成供应链型战略联盟，以增强各自的创新效率和竞争实力从而实现优势资源的融合和互补。战略联盟中的产学研三方都具有其他组织不具备的核心竞争力，因而形成的联合体既相互分工又相互协作，能形成创新共生体发挥竞争优势，相互弥补、相互吸引。

三、产学研战略联盟的要素构成

1. 主体要素

产学研战略联盟是产学研合作发展到一定阶段的高级组织形式，其主体要素是科学技术成果转化为生产力的直接参与者，即高校、科研机构和企业。它们是产学研结合中缺一不可的三类主体，这三类主体的角色各不相同：高校是创新知识、技术的来源和人才的主要输出者；科研机构是科学技术转化为生产力的创造者；企业是科技成果的生产者，是技术创新的主力军，是科学技术转化为生产力的实现者。但由于以上三类主体的目标是不同的，一个是人才培养为主，一个是为了技术转化，另一个是以生产营利为目的，因此需要政府出面充当推动、沟通和监督的角色。因而，产学研结合的主体要素就包括高校、企业、科研机构和政府。

（1）高校和科研机构

高校和科研机构是知识创新的核心，在产学研战略联盟中起到创新支撑的作用。高校的基础研究和行业的理论研究需要在市场中实际检验，这需要资金的投入和创新成果的转化。高校教师对知识创新有前瞻研究，加之高校的人才优势和科研机构的技术环境，因此，高校和科研机构能够建立优秀的师资队伍和科研队伍。这就为战略联盟提供了知识储备和创新成果基础，为国内外企业提供了多种形式的技术服务。

（2）企业

国内外知名企业尤为需要产学研战略联盟的平台，企业是创新平台的主导力量。企业为了满足市场需求，为了弥补自身人才资源的不足，降低研发成本和吸引优秀资源与人才，寻求多方合作。企业能利用自身信息资源，探寻市场需要，投入研发资金和申请合作项目，积极共建创新技术转化平台。在成果进入市场后，要将利润合理分配，共建研究机构和人才培养基地，以快速提升企业的市场竞争力，谋求最大效益。

（3）政府和其他机构

政府、金融公司、信息机构等其他组织在产学研战略联盟中也是不可或缺的，他们在外围参与联盟的政策导向、风险投资、资金支持和信息服务等。在创建创新型国家战略中，政府参与行政服务和融资渠道建设，制定激励战略联盟的税收减免政策，为各种组织形式提供准确信息和快捷的配套服务。中介机构是知识扩散和转化的关键。通过金融机构、信息机构可以获取信息网络资源和寻找项目风险投资，为解决产学研创新和融资问题提供有效帮助。

2. 环境要素

产学研战略联盟的环境要素具体可以分为内部环境要素和外部环境要素。

（1）内部环境

内部环境是指高校、科研机构和企业间及其内部之间的相互作用。产学研战略联盟三方的文化背景和目标存在很多不同，各个组织的内部有自己的组织文化、资源环境和技术创新机制。这些内部要素的碰撞和作用形成了内部环境。

（2）外部环境

在系统外部，社会化创新机制、全球经济发展形式等都在大的氛围影响组织的创新活动，政府的政策导向牵引众多企业投资目标的转变，制度环境的改善可以吸引外界优秀科研人才的加入，高新技术的发展、法律法规的健全都是形成健康联盟的外界因素。外部环境还包括社会教育、经济发展程度、技术发展程度等。

3. 资源要素

产学研战略联盟是高校、企业和科研机构整合现有资源，发挥自身竞争优势的创新组织形式。为了保证这个组织形式的正常稳定运行，需要对创新平台上的公共资源进行合理利用，包括人力资源、资金和信息资源、知识和技术资源、设施资源和政策资源。组织结构的管理者应该合理分析这些资源要素，整合各种有利资源，充分发挥各方的作用，提高合作平台的效率和效益。

人力资源涉及从事科技研发创新的所有参与者，如高校中的科研教师、课题组成人员、团队成员；企业中的技术创新人员、生产者和服务人员。资金资源包括政府项目款项、企业研发投入、风险投资、银行贷款和重大项目资金。信息资源包括人才信息、市场信息和技术发展信息等。从事共同科技的文献、期刊、图书、专利、数据库、技术网络资源和研究人员的知识结构、已研发的成果和技术方法、经验等组成了知识和技术资源。设施资源是为了形成产学研合作的研究实体，企业、高校和科研机构提供的设备、仪器、计算机、电子平台、内部网络资源、办公系统和管理系统等。政策资源是政府部门和相关机构对技术创新的合作联盟提供的政策支持、引导性规章和信息等。

四、产学研师资发展战略联盟的构建

在产学研战略联盟共建师资的起始阶段，主要内容是高等院校、企业和科研机构针对欲成立的组织目标的战略选择。为了完成这一工作，要达成战略一致。为了实现这一目标，我们需要从四个方面来努力。

1. 协调一致的发展目标

产学研师资发展中战略一致的实现，首先要从战略目标上达到统一，经过各方磋商，共同达到目标愿景。产学研师资发展中高校的目标是高校教师实践锻炼和科研能力的提升。高校师资发展的落脚点要落实到促进优秀人才培养上。高校、企业和科研机构是不同组织，有相应各自独立的组织目标，对于高校产学研合作中的师资发展目标，虽然其他两个机构不会投入很多精力，但是各方对各自人才培养这个目的是不可否认的，因此，在实质上产学研师资发展的目标一致是可以达到的。

高等院校的主要职能就是人才培养和科学研究，最终服务社会。产学研战略联盟中的高校人才培养是为了培养适应社会发展需要的应用型人才，这对高校教师不仅在理论功底上提出了要求，也对其实践经验的积累有了更高的期待。但是在高校与高校的合作中教师并不能获得很多实践经验，高校只有和企业、科研机构进行联合才能观察到社会需求和市场变化，从而培养出适应社会发展的应用型人才。企业虽然能够及时了解社会动态，发现社会需求和市场需求，但是其科研能力相比高校和科研机构是不足的。为了提高市场竞争力，企业要加强与高校和科研机构的合作。因此，在人才培养和服务社会的理念上，产学研战略联盟的目标是一致的。

2. 构建共有的组织文化

组织文化可以促使组织形成良好的组织氛围，增强组织的凝聚力和认同感。在战略协调一致的实现过程中，共有组织文化的建设能够快速地将组织成员的意识统一到产学研战略联盟中来。否则，在没有组织文化的前提下，组织成员的认同感不能形成，组织形式还是杂乱无章的，因而不能够达到统一的战略目的。通过文化领域共识的达成，可以形成产学研师资发展系统内部独特的文化网络和合理的规章制度，从而保障战略能够顺利实施。通过共有文化的构建，管理者可以号召组织成员追求更高的目标和专注于自身建设，消除消极因素的影响，从而协调高校、企业和科研机构的组织关系，形成三方共有的组织文化，加强相互之间的沟通协作、达到共赢的目的。

因为高校、企业和科研机构的组织形态不同，在合作初期，高校、企业和科研机构在价值观念、行为方式等方面会有所差异。但是，经过一段时间的培养和努力构建，通过小团体的意识转换，通过不同途径的引导和培训，通过在工作中开展文化建设活动，高校、企业和科研机构内部会逐渐形成文化转换机制，这种文化转换机制会将产学研师资发展的核心价值观渗透和灌输进高校、企业和科研机构中，进而形成一致的价值观和组织文化。

3. 建立公平的利益分配机制

产学研合作共建师资是市场化的行为，在产学研合作的过程中，高校、企业和科研机构均想通过协商（博弈）使得自己利益最大化，由此在利益分配上可能会出现冲突。所以，建立公平的利益分配机制，能够在合作初始阶段就明确知识产权归属、利益分配方式，能够明确管理过程中的成本和风险责任承担者，从而通过协议或者合同的方式清晰列出。在法律监督和保障的前提下，三方能够公平地实施战略合作，将应承担的责、权、利尽可能地细化和明确，可以避免不必要的冲突。这种利益分配制度的公平性和有效性，有利于在组织内部达到一致目标，有利于组织的长期持续发展，有利于保障各方的权益，激发科研人员、高校人员和企业员工参加合作的动力。

4. 构建畅通的信息沟通机制

从经济学角度来看，信息是一种重要的资源，在信息对等情况下，各种组织既能够知道一定知识，同时知道其他组织了解这些信息的情况，即信息对等。这时候的交流才会公平，合作才会顺利进行。因此，沟通与信息交流是促进高校、企业和科研机构合作的基础，也保障各方对合作的意图和目的有清晰的认识。

建立畅通的信息沟通机制既要加强产学研师资发展系统的内部沟通，也要通过外部信息机构获得有效帮助。同时，要重视有具体组织形式的信息沟通，如加强各方高层领导的联系，安排高校、企业和科研机构的专家互访和进行学术讲座、报告会等。在信息沟通形式上建立网络信息数据库被证明是较好的信息沟通形式，在内部网络中分析信息，能够提高信息传递的速度和信息查询的广度，也保障重要信息不被其他机构利用，从而降低科技成果被窃取的风险。只有在建立完善的信息沟通机制后，产学研三方才能同时开展科技研发和转化。

在战略目标达到一致之后，高校、企业与科研机构统一了战略目标，协调好了各方利益和资源关系，建立了有效的沟通渠道后，资源配备和管理方式这两方面成为产学研师资发展的主要内容，需要注意以下几个方面。

（1）优化资源配置

资源有效配置的内涵是指高校、企业和科研机构针对资源实施方面进行的应用，通过协调高校、企业和科研机构这三方的资源管理关系，基于组织理论充分调动和使用，能够使资源配置和利用实现最大化。

为了实现资源优化配置的目标，我们分析资源有效配置的实现方法。资源优化配置的基本方法是将高校、企业和科研机构这三方独立的资源看成一个整体的系统，根据一个统一的目标实现资源的优化配置。通过协调、重新配置和再加工可以组建一个高校、企业和科研机构三方都相互贯通、联系紧密的有机体，以达到共同发展的目标。这样的资源配置，可以充分调动现有的资源，使整体利益能够发挥最大的效能，这不仅能够取得三方联合的效果，还能够取得 1+1＞2 的资源利用效果。为了实现这一目标，具体的机制方法如下。

第一，建立产学研合作信息共享平台，保证资源共享渠道畅通。产学研合作是一个多方参与的合作过程，在这一合作过程中，信息的对等性显得非常重要。目前，在产学研实际进程中，经常出现信息不够和信息不对称的问题。由于产学研的多方合作机制，导致各方资源分配不均并且信息沟通不畅的问题时有出现。例如，如果高校和企业、科研机构没有一个统一的基于共同合作目标的信息共享平台，那么就会大大提高选择合作对象的成本和风险。

因此，对于产学研合作来说，建立一个统一的信息交流共享平台是非常重要的。在建立信息共享平台时，需要由以下几部分组成：首先，建立信息披露制度。信息的及时性和公开性是保证产学研各方相互交流的重要前提，这不仅基于各方的合作关系，并且还要求合作方彼此信任。其次，充分利用科技中介机构。在高校和科研机构这两方与企业一方中，科技中介机构是一个重要的沟通桥梁，通过科技中介机构，高校和科研机构的科技成果能够及时地被介绍到企业，而企业对应的需求和市场的反应也能够及时地反馈到高校和科研院所两方，这样就可以有效地将技术、人才、需求、产品有效地集合起来。最后，政府需要建立开放的信息网络系统。在政府相关部门的带头下，能够借助互联网将各方资源信息收集起来，并能够及时发布给所需单位。通过对各方面数据和信息的收集，并对合作典型案例进行一定范围的推广，能够在一定程度上提升产学研的合作机会和合作效率，使产学研各方的资源要素实现更好的统一。

第二，建立产学研师资发展系统的要素整合机制。在协同学中，要素整合的概念是系统为了实现统一整体的协同目标，通过沟通联系、交流渗透等行为方式，将不同部分整合为一个统一协调的整体，通过要素整合的过程，可以提高整个系统的协同性。产学研师资发展系统要素整合的目标是将各方分散的资源通过要素整合机制充分调动起来，达到师资发展系统的整体目标。

师资发展系统的要素整合部分是指对教师招聘、培养，以及职称授予之间的业务整合，而这背后包括对人力资源、科研技术以及资金等要素的直接配置和整合。产学研师资发展的要素整合不仅仅需要以上几方面的资源整合，还应当包括对市场资源、信息资源和管理资源的共同协同。要素整合需要注意由于系统各部门之间可能存在摩擦离散现象和效率低下的问题，因此需要保证师资发展系统的连通性和通畅性，提高系统内的运作效率，这样系统才能在各要素整合之后焕发出更大的整体功效，实现既定目标。

（2）选择有效的管理方式

对于产学研师资发展系统来说，管理的对象是高校、企业和科研机构，目标是通过建立有效的管理机制，打破高校、企业和科研机构之间的壁垒束缚，从而达到1+1＞2的协同效应。

针对管理方式选择方面，其实现机制包含以下几个要素。

第一，对教师队伍结构进行变革，建立完备的产学研教师聘任机制。

现有教师的能力和素质已不能满足产学研的合作模式，因此，为了完善产学研协同系统的整体效能，需要从两个方面对教师队伍结构进行变革。首先，增加有丰富实践经验的兼职教师的数量。在实际生产管理方面，企业有大量的具有丰富实践经验和宝贵知识的人才，他们了解市场的实际需求和生产方面的知识要求。通过聘请这部分人才到高校做兼职教师，可以大大提高人才的实践能力。其次，通过采取讲座和实习课程的方式，使他们参与教学活动，他们的参与可以促进专职教师与兼职教师的交流，使彼此更好地了解社会信息，培养社会需要的人才，并且能够带动教师的科研成果发展。

第二，加强对兼职教师的培训，将部分兼职教师转变为专职教师。

通过引进生产管理一线的高水平人才提升兼职教师的比例后，需要对兼职教师进行培训。这些在生产管理过程中累积了大量经验的一线人员，在教学过程中，可能并不擅长指导学生和从事科研。因此有必要对兼职教师进行一定的培训，使之能够担负日常教学工作，并且了解科研过程中的具体事项。对于其中一部分既具有教学能力，又能够继续从事科研开发的兼职教师，可以将其吸纳为专职教师，这一部分专职教师能够对学校产学研的合作产生更加深远的影响。目前已经比较成熟的方式有："客座教授"制度、"访问工程师"制度、建立兼职教师信息库、建立专兼职教师互动交流平台等。

第三，鼓励教师到企业进行专业实践和增加培训，建立和发展高校教师培训系统。目前，高校专职教师在实践能力和创新能力方面有一定的不足，针对这类问题，可以通过建立高校教师培训系统将其改善。鼓励教师到企业进行一定的实践实习，不仅可以将高校专业设置和教学内容安排等与企业用工单位进行衔接，还能够鼓励高校教师与企业人才进行合作，这对产学研人才发展具有重要意义。

从学校内部来说，可以积极安排教师参加各类培训。例如，岗位培训、教师业务培训、制订优秀教师计划等。通过引进一些企业内具有丰富实践经验和操作知识的高级技术人员，对教师技能技术进行培训，对提高教师实际操作能力有一定帮助，这对于在校园内建立一个良性的创新环境和教学与实践相结合的氛围有很大好处。

从企业方面来说，高校可以利用挂职培养的方式，鼓励教师到企业去进行实习，以项目参与的方式亲身参与产品的开发和研究过程，提升专业实践能力，这样教师能够更好地明确专业发展趋势和社会市场需求，从而及时地反映到教学过程中去，发挥人才和用人市场的桥梁指导作用。

从科研机构方面来说，要增加彼此之间的人才流动，增加合作交流的机会。高校要通过对科研机构方面信息的及时掌握，鼓励教师积极参与科技创新活动，并建立一定的鼓励机制，进行联合科研项目开发等工作，提高高校创新能力，并能够提升教师推广和应用新技术的实际操作能力。

高校、企业和科研机构合作共建高校师资是一个需要长期合作的过程，需要高校、企业与科研机构不断深入地研究和相互作用以达到平衡。高校、企业与科研机构对前一阶段形成的成果进行深入探讨，进行持续稳定的合作才能使得科技成果更加具有深度和市场适应能力。因此，持续稳定发展是以高校、企业和科研机构合作共建师资为平台和桥梁，形成的产学研合作一体化的更广泛和深入的交流与合作。在此阶段，选择和建立稳定的产学研师资发展的战略联盟模式是持续发展阶段的主要内容。

第三节　构建国际化培养模式

高等教育国际化是经济全球化、一体化的发展趋势，也是高等教育自身发展的需求所在。高等教育国际化首先要做到师资队伍国际化，师资队伍国际化是建设世界一流大学的必然选择，直接影响着高等教育的整体水平，是高校跨越式发展的驱动力，提高其核心竞争力和凝聚力。梅贻琦曾说过：大学者，非谓有大楼之谓也，有大师之谓也。一所大学必须首先具备一流的师资，才能培养出一流的人才。建设创新型国家的战略目标和经济的国际化发展需要培养具有国际视野、熟悉国际惯例的国际化人才。高等院校是人才培养的基地，而师资队伍是人才培养的主体。培养国际型人才必然需要先进的国际化师资队伍，这不仅是"人才强国"战略的核心因素，也是其根本保障。美国学者强调：高等教育国际化不能只强调学生在国家之间的流动，更应该着重于教师和研究人员的交流和互换，培养一支一流的、具有国际视野、国际观念和意识，有国际教育背景和跨文化教育背景的多元化、多民族化的国际化教师队伍是高校发展的必要战略选择。因此，必须积极推进我国高校的师资队伍国际化进程，构建国际化培养模式。

一、师资队伍国际化的科学内涵

一些相关文献都曾涉及师资队伍国际化的本质和内涵，但说法不一。结合前人的研究，笔者认为比较合理的界定是：师资队伍的国际化包含四种基本要素：人员结构国际化、知识文化结构国际化、经历学源结构国际化、人员交流结构国际化，这四种要素综合起来，统一构成了师资队伍的国际化。

1. 人员结构国际化是指师资队伍的人员构成应达到国际化标准，高校的教师和管理人员不仅来自国内高水平大学，还应包括具有国际教育背景的来自不同国家和地区的高层次人才，本土和外来人员的比例因学科或专业而有所不同。

2. 知识文化结构国际化是指高校的教师和管理人员所拥有的教育理念、知识文化，以及技术方法应当符合国际化的人才标准，具有通用性、开放性、交流性和创新性等特征。

3. 经历学源结构国际化是指高校的教师和管理人员无论在就读院校、所学专业还是社会实践经历等方面所形成的类型、层次、比例分布的结构都应达到国际化标准。

4. 人员交流结构国际化是指高校的教师和管理人员参与国际合作交流活动的数量、质量、层次、布局等方面的结构符合国际化，师资队伍的交流不应局限于一些固定的国家、地区或长期合作的几所大学，应当充分实现多元化、多层次以及多渠道的国际化交流。

二、国外高校师资队伍国际化培养模式现状

1. 美国高校国际化师资队伍培养现状

（1）美国高校广泛、公开接纳国外优秀师资

为了提高教育竞争力，提高教学质量和科研学术水平，美国高校形成了广

泛、公开接纳国外优秀师资的国际化氛围，宾夕法尼亚大学在其战略规划中指出：一所主要的国际性研究型大学必须把最大的重点放在建立、加强和留住世界一流的师资上。以高水平国际人才引进为主的师资队伍国际化培养模式保障了其师资队伍国际化的高水平。

1946年，参议员威廉·富布赖特（James William Fulbright，1905—1995）提出了富布赖特计划，支持国外学者来美国从事研究工作，这个项目是美国官方著名的国际教育项目，旨在加强与其他国家的相互了解。在这个目标的引领下，富布赖特项目已经为310000名学术研究卓著、领导才能突出的参与者提供机会，到美国进行教学、思想交流，协力解决共同面对的问题。

（2）加强高校师资的国际化交流

美国高校在师资队伍国际化培养进程中加强师资的国际化交流，为教师的专业拓展创造各种机会，开阔了教师的国际视野，引进了先进的科学理论和意识形态。美国高校教师在进行国际交流自我提高的同时，也引入了国外先进的教育理念和研究方法，树立了国际意识，强化了国际理念和开阔了国际视野，促进了师资队伍国际化的发展。

（3）先进、合理的师资管理机制

①合理的激励、约束机制

为了稳定师资队伍和引进高素质国际人才，美国高校构建了较完善的激励体制，丰厚的薪酬待遇、开放的文化氛围、自由的学术环境、良好的福利保障满足了大部分教师的需求，激励着教师的自我专业发展。激励的同时也带来约束，美国师资管理（非升即走）的淘汰机制对教师的晋升时间作了明确的规定。

②明确的责任和考核制度

唐纳德·肯尼迪（Donald Kennedy，1931—2020）在《学术责任》一书中

对高校教师的责任进行了阐释，包括培养方面、指导方面、服务方面、教学方面和研究方面的责任。美国高校均设立教师评估委员会，针对高校教师的责任，细化成考核指标，对高校教师的学术能力、科研成果、教学水平及服务性工作制订严格的考评制度并进行评估和考核。

③建立教师发展组织机构

为帮助教师开展职业发展规划，美国设立了针对教师发展的组织机构和基金会，并提供相关资源来推动教师个人的发展，由于不同时期的教师面对的发展问题不尽相同，教师发展组织机构依据教师的类型、发展需要的不同对项目活动进行细分，使项目活动的针对性更强，更有力地解决高校教师面临的发展问题，把教师专业发展作为提升高校师资队伍水平的重要举措。

2. 日本高校师资队伍国际化培养模式特征

（1）日本高校师资队伍国际化政策

2000年12月，日本《教育振兴基本计划》中提到"从教育应对全球化的试点，将在教育的所有领域推进国际交流"；2005年9月，《文部科学省的国际战略》中指出"将各部局分别管辖、个别决定的国际业务政策措施，统一为国际战略，作为今后开展国际业务的方针"，国际化提升到了"国际战略的高度"，并被纳入日本的总体发展战略。

（2）日本高校师资队伍国际化培养模式特点

在日本高校师资队伍国际化发展历程中，在市场战略的引导下，在日本办学的美国学校凭借自己丰富的经验、完善的师资体系、雄厚的教育资源、优秀的科研成果，给日本本土高校师资队伍国际化带来了先进的发展理念和思想，促进了教师的流动和发展。

研究生院的改革，进一步充实了研究生院，加强了教师的流动性，加大了优秀科技人才的引进力度,以基础研究为中心,推进学术研究,提出具有独创性的科技成果,培养高水平的研究和专业技术人员,使之成为向世界提供先进研究成果的教育科研据点,培养高水平的国际化、研究型师资队伍。

增加外籍教师的聘用名额,改革、完善吸纳国外研究者的体制,加大国际型人才的引进力度,提高日语在国际社会的普遍度,加强教师语言培训,制定优惠政策派遣教师到国外教学和从事研究等,开阔教师的国际视野,引进先进的教育理念、教学方法和学术思想等,加强日本高校师资队伍的国际化建设。

为了高等教育国际化的全面开展,培养优秀国际人才,提高涉外人员的水平,设置与国际化有关的学科、组织和科研机构,进一步推动国际学术交流,也培养了一支国际视野广阔、具有创新精神的高校高水平国际化师资队伍。

3. 美国、日本高校师资队伍国际化培养模式的共同特征

(1)国际性、开放性

从美国、日本高校国际化师资队伍的组成看,大量国际优秀人才并存,专职、兼职结合的师资队伍,处于流动状态的师资比例,增强了师资队伍的活力,反映了其国际化水平及开放程度。

(2)稳定性、发展性

采用一系列管理办法,吸引和稳定师资队伍中的高水平国际人才,保证师资队伍中核心部分的稳定性。制定一系列教师培养政策,鼓励教师参与国际化学术交流、留学培训,提高教师的专业能力和国际化水平,促进师资的全面发展。

(3)公开性、择优性

为了保证师资队伍的国际化水平,美国、日本在教师的聘任上,一般都明确不招聘本校应届毕业生做教师,公开在世界范围内招聘,采用一系列严格的筛选程序,保证了聘用人员的质量和水平,活跃了文化氛围。构建科学的师资

考核、评估指标体系和机制,与教师的去留、职称及待遇相联系,促进教师教学、科研和社会服务水平的不断提高。

三、国内高水平大学师资队伍国际化培养模式现状

高等教育国际化是21世纪经济全球化及现代科技发展的产物,受到全世界高校的重视。师资队伍国际化作为高等教育国际化的核心部分,担当着培养高素质国际人才的职责,既是世界一流大学的战略目标,也是我国高等教育国际化建设的根本保障。"高水平大学"通常指拥有高水平的师资队伍、能够创造原创研究成果、培养创新型人才的大学,代表着我国高等教育的最高水平,也是我国从国家发展的战略高度大力推进世界一流大学建设的领头羊,是体现我国高等教育核心竞争力的中流砥柱。

1. 国内高水平大学师资队伍国际化取得的成绩

(1)师资队伍中外籍专家、学者和具有境外文化背景的教师比例上升。随着我国教育强国战略的实施,对外开放的进一步深入,社会经济的高速发展,综合国力的增强,高等教育的国际影响力和国际竞争力也大幅提高,吸引了大量的留学归国人员和具有国际影响力的专家学者参与我国高水平大学的教学和科研工作。

(2)鼓励、支持教师进行国外深造、交流和项目合作,国际化活动广泛。在大力引进国际高层次专家学者,提高师资队伍国际化水平的同时,我国政府和高水平大学特别重视教师人力资源开发与培养机制建设,坚持以能力建设为核心,建立并完善面向各层次教师的海外培训体系,拓宽出国留学进修渠道,通过国家留学基金委的公派留学项目和各高校的留学项目相结合,加大师资海外深造的力度。随着我国高水平大学教育核心凝聚力、竞争力的增强,国际影

响力的提升，国际学术交流及合作项目明显增多，国际合作更加密切，国内外学术交流更加广泛。例如，东北大学与世界36个国家中的235所大学、研究机构开展合作，积极引进海外人才，每年都会聘请300多位海外教授到校进行交流合作，提升教师的专业化能力，拓宽教师的国际化视野。山东大学经常举办高水平、高规格的国际会议，与世界名校进行重点项目合作，搭建众多国际化研究平台，拥有200多名外籍教师，10位以上国际顶尖级科学家，专任教师中有过留学经历的教师比例超过50%。兰州大学拥有来自亚洲、美洲、欧洲、非洲和大洋洲的合作伙伴，2014—2018年这5年间，接待访学外宾及我国港澳台地区客人共7600多人，教职工参加国际学术会议交流、项目合作研究人数为3200人，在乌兹别克斯坦和哈萨克斯坦都建立了孔子学院。郑州大学是首批"国际化示范学院试点单位"之一，与世界41个国家中的205所高校建立长期稳定的合作关系，开展了9个中外办学项目，在印度设有孔子学院，在美国设有孔子学堂。

2.我国高水平大学师资队伍国际化的发展趋势

随着人才强国战略和科教兴国战略的深入实施，我国在"985工程""211工程""双一流"建设等战略项目的持续推动下，高水平大学大力促进师资队伍国际化建设，师资队伍建设在观念、规模、水平和结构上取得了巨大的成绩。但与国际一流大学师资队伍的国际化水平相比依然存在着很大的差距，我国高水平大学在师资教育国际化培养道路上依旧要立足未来，深入探索，大力开拓、稳步推进，努力提高师资队伍的国际化水平。

（1）逐渐由重视发展数量到重视严把质量关

我国高水平大学在国际人才引进方面取得了很大的成绩，国外学者担任专职、兼职教授进行长期和短期教学、科研交流的数量上有了很大的提高，但是国际顶尖人才和大师级的学者却相对匮乏。引进人才是高校师资队伍国际化培养的捷径，不但优化了师资队伍的结构，而且提高了师资队伍的国际化水平，把引进人才的质量放在"引智"工作的第一位，对切实、大力提高师资队伍的国际化水平有深远的意义。

高水平大学在师资队伍建设中鼓励教师出国访学研修、学术会议、合作研究、讲学等学术交流活动，形成了教师不同职业生涯发展阶段需求的专业化发展体系，提高了教师的国际化水平，但与世界一流高校的合作还不是很密切，世界一流的学术研究会议参与较少。推进教师的专业发展，提高创新力，加强学术研究是提高高校学术水平的根本条件，也是加强国际"对话"、交流的根本保障。

（2）加强国际意识、国际观念，倡导多元化、多民族化的文化结构

"吸引"与"培养"是高水平大学师资队伍国际化建设的直接方式，从流程上看，这两种方式都是单向的，单向的大学师资队伍国际化建设方式在特定的情况下是必要的，也是有效的。单向的师资流动方式索取得多，贡献得少，一味学习国外的先进教育理念、教育方法和学术思想，却不能形成双向交流、平等对话的作用机制，具有一定的局限性，限制了师资队伍国际化的发展。所以，在高水平大学师资队伍国际化建设中，要加强国际意识、国际观念，在国际学术交流会议、国际合作项目和国际教育资源共享中寻找"对话"契机，加强培养发现问题、提出问题、贡献思想的精神，实现自我超越与创新。尊重各种文化差异、文化背景，崇尚多元化、多民族化的文化结构，增强外语应用能力，提高国外文化素养，了解国际社会，关心和包容异国文化，强调知识交叉、互融，承认真理，真正意义上接触国际文化，实现深度的跨文化对话、交流和管理，切实提升师资队伍的国际交流能力和跨文化交流水平。

（3）加强汉语国际推广，传播优秀中国文化

跨国界、跨文化是国际化的内涵，语言的多样性是跨文化的主要体现，多种文化的接触、碰撞和交融构成了国际化文化的多样性，语言本身的工具性标志着语言的输出与推广是一种标准的建立，语言的国际推广既是一个国家"硬实力"的体现，又代表着教育的国际化水平。汉语作为我国的传统文化，推动汉语对外传播，传播优秀的中华民族人文、历史文化，培养了大量汉语推广人才，促进了教师对外交流学习，提高了高校的国际化水平，加强与国外高校的交流合作，吸引更多外国学者、留学生，消除国际交流、学术探讨及项目合作的语言障碍，强调文化互动的双向交流，提高高校的国际影响力。

（4）加强与国内高校和周边国家高校的区域化建设

首先要加强与国内高校的紧密合作，提高教师的流动性，统一课程计划，统一学分转换，统一教育质量保障体系，构建资源共享平台，建设高等教育区域合作项目，整合全部资源转化成集体的力量，加速教学、科研和社会服务工作的进展，提高国际知名度。其次要加强与周边国家高校的紧密合作，由于历史的关系，我国与周边区域、国家在文化方面虽有一定的差异，但结构上有相似之处，只是在文化的多样性和文化背景方面有一定的不同。加强高等教育周边区域化的交流和合作，构建高等教育区域化建设平台，有利于师资队伍国际化培养，推动高等教育的国际化建设。

我国高水平大学是我国建设世界一流大学的战略构想，政策上的优势，教学、科研工作的领先、学校"硬实力"和"软实力"的突出展现，高水平大学师资队伍的国际化培养占据了很大的优势，取得了一些经验，给其他高校的师资队伍国际化培养提供了一些借鉴。

四、积极构建师资队伍国际化培养模式

1. 培养教师全员国际化理念

综观世界一流的高校，无一不秉承着国际化办学的理念，越是世界上顶尖的名校，教师国际化程度越高，就越能从全球化的角度出发，研究全球性的问题。对于我国的高校来说，国际化程度较高的当数北京大学和清华大学，这两所大学能从国际视野出发来认识高等教育的改革并分析高等教育的发展趋势，从而审视高校的办学理念、发展规划和战略目标，明确自己在世界高等教育中的地位。目前，清华大学正在推行"国际化校园"的建设，为国内高校提供了经验借鉴。要培养教师全员国际化的理念，可从以下两个方面入手：其一，要在高校内普及国际化理念，以人为本，坚持人才战略，培养具有国际视野的人才，结合中国实际国情和本校发展愿景确定国际化发展战略。高校管理者应清晰地认识到高等教育国际化的必要性和紧迫性，贯彻"引进与培养"并重的方针，密切关注世界高等教育的发展趋势。高校要加大国际化建设的宣传力度，在领导层面达成共识并推广到全校师生及广大校友，让国际化理念深入人心，从而推动国际化办学。其二，对于教师自身来说，应该多与国际上顶尖高校或研究所合作，重点研究全球热点问题，提升自己的研究水平，提高论文写作的质量，增加科研质量的贡献度。教师应积极参加各种层次的国际学术会议，担任国际知名期刊编委等来丰富自己的阅历，不断积累经验，举办有影响力的国际会议，吸引更多学者到校交流访谈，开展国际交流合作。教师要想进行国际交流，增强国际影响力，就必须精通外语。因此，教师应该不断提高自己的外语能力，不仅要提升英语阅读和写作能力，而且要重点提升口语和听力能力，这样才能扫除语言的障碍，才能零距离交流自己的研究成果。

2. 加大国际人才引进力度，优化师资结构

打破传统人才引进的常规，有计划性、有针对性地引进海外优秀人才，聘请世界知名学者来校讲学、开课、从事教学科研工作是优化师资结构，快速推进师资队伍国际化发展的最直接、最有效的途径。这些人才具有世界名校教学科研经验，有助于带领学校师资队伍建设走向国际化，促进国际前沿的学术理念和科研方法融入高校，提高教学团队的整体教学水平和科技研发能力，同时能帮助在校学生拓展国际化学术视野，共享国际优质高等教育资源。在引进过程中，应在大数据分析的结果指导下，根据自身层次与需求，结合高水平大学的发展要求合理引进，避免盲目引进人才，或者因自身条件等诸多因素的限制而不能为这些高层次人才提供适宜的发展平台，造成人力资源的浪费。高校应力求做到人员结构合理，学术方向互补，学科特色鲜明。

3. 注重教师的国际化培养，提高教师的学术水平

由于一些客观原因的限制，可能无法面向全球招聘一流的大师，但可以从实际出发，逐步实现自主培养，做好校内人才与引进人才的平衡衔接。目前国内也已经具备了很好的条件与能力，对于一般的学科带头人，可以立足国内培养，但对于那些高层次人才，尤其是可以主导学科发展潮流的人才，他们需要有开阔的学术视野和学术社交范围。针对这类人才，我们可以采用联合培养的模式，与国外一流大学建立联系，或者直接送其到国外一流大学学习，使他们在国际学术前沿领域成长，以造就更多的学术大师。鼓励中青年学术骨干出国研修，积极支持教师在国际学术机构、研究机构中任职和在国际刊物上发表文章，不断提高教师的国际学术影响力及国际化水平。加大对外交流，扩大国际影响。坚持引育并举，通过"派出去"和"引进来"相结合的国际人才交流，可以对现有的师资队伍进行知识更新，使国内外的学术交流进行有效的信息互

换,实现优势互补,提高整体的教学科研水平,形成以高层次人才为核心的高水平创新团队、教学团队,形成特色优势推动师资整体水平提高,加快迈向世界一流行列的步伐。

4. 构建国际交流的平台,培育国际化环境

高校应将国际化列为办学特色,构建国际合作与交流平台,全方位培育内外部国际化环境。可通过引进国外投资、共建共享教育资源、合作办学、增强社会服务能力等措施调动外部环境,通过教师交流、发展远程教育、学术合作交流、外语教学、教材国际化、联合培养学生等途径活跃内部环境。面向全球办学,关注世界高等教育的发展趋势,与国际接轨,采用国际性的指标来评价办学水平,使教师全方位融入国际化教育环境中。

国以人立,教以人兴。高校师资队伍的国际化建设决定着高校的教育竞争力,完善创新机制引进人才、搭建平台使用人才、加强交流培养人才的师资队伍建设机制,分层次、分梯度、分学科、分类别,全力造就一支业务精湛、结构合理、特色鲜明、充满活力的国际化师资队伍,为高校的现代化发展发挥支撑、引领和服务作用。

第六章 教师队伍建设管理实施路径

路径，是解决问题的门路、方法。面对当前高校师资队伍建设管理存在的突出问题，笔者在理顺我国高校人事管理制度改革的历史变迁，总结其经验的基础上，充分借鉴国内外高校教师队伍建设管理的先进经验，探究构建现代师资管理的新模式。而为了保障现代师资管理新模式的实现而提出的手段措施、方式方法，即为本章要探讨的高校师资队伍建设管理的有效路径。立足新时代，贯彻落实习近平总书记关于"加强高校师资队伍建设"重要论述，加强高校教师队伍建设管理的路径要从遵循高校教师队伍建设管理的基本原则、强化现代师资管理模式的基本内容、充分发挥政府对高校教师人力资源开发统筹主导作用等三个方面着手，全力造就一支师德高尚、业务精湛、结构合理、特色鲜明、充满活力的高素质教师队伍。

第一节 高校教师队伍建设管理的基本原则

建立现代师资管理模式除了必须从高校教师活动的一般特性出发，还必须结合我国高等教育的特点。我国高校有各种不同类型，有重点大学、普通大学，有综合性大学、理工类院校、专科类学校。选择高校师资管理模式既要考虑到高校自身因素，又要考虑到外部环境，包括经济体制、劳动人事制度和区域文化环境因素等。

一、师资管理模式的构建应遵循系统论的原则

1. 整分性原则

该原则是目标的分解和建立目标管理体系的基础。在进行管理模式构建时，首先应根据本单位实际情况和发展需要及各种内外条件确定管理系统总体目标，然后按照分合原则将总体目标分解成不同层次、不同部分的分目标，对应地将管理层次逐步分解，使得分目标与管理层次一一对应，形成前后衔接、上下连通的管理网络；同时在目标分解的基础上，明确每一个部门、每一个管理层次以至每个人员的目标责任，并赋予相应的权利，建立起目标责任体系。

2. 相关性原则

该原则强调在构建师资管理模式时，必须充分考虑各要素之间的相互作用和相互影响。具体而言，师资管理模式的各个组成部分（如教师选拔、培训、评价、激励等）之间应存在紧密的逻辑联系和协同作用。这种协同作用不仅体现在各要素之间的直接联系上，还体现在它们对整体目标实现的共同贡献上。

（1）要素间的协同作用：例如，在选拔教师时，应考虑到培训的需求和效果，以及后续的评价和激励措施。这样，选拔出的教师不仅符合当前的教学需求，还能在培训中不断提升自己的教学能力，并在后续的评价中得到公正认可，从而得到适当的激励。

（2）整体目标的实现：各要素之间的协同作用应有助于整体目标的实现。例如，通过优化选拔和培训流程，提高教师队伍的整体素质；通过合理的评价和激励机制，激发教师的积极性和创造力，从而推动学校教育教学质量的提升。

3. 有序性原则

有序性原则要求师资管理模式的构建应遵循一定的逻辑顺序和层次结构。这种有序性不仅体现在管理模式的形式上，还体现在其运行过程和结果上。

（1）形式上的有序性：例如，在管理模式的设计上，应明确各个管理层次和部门的职责和权限，形成清晰的管理网络。同时，应制定详细的管理制度和流程，确保各项管理工作的有序进行。

（2）运行过程的有序性：在管理模式的运行过程中，应确保各项工作的有序衔接和高效运转。例如，在选拔教师时，应按照既定的标准和流程进行；在培训过程中，应合理安排培训内容和时间；在评价和激励环节，应确保评价的公正性和激励的有效性。

（3）结果上的有序性：通过有序的管理，应实现师资管理模式的预期目标。例如，提高教师队伍的整体素质、提升教育教学质量等。

4. 动态性原则

动态性原则要求师资管理模式应具有一定的灵活性和适应性，能够随着环境条件的变化而进行调整和优化。

（1）适应环境变化：当环境条件发生变化时，师资管理模式应能够及时作出调整。例如，随着教育政策的调整或学校发展目标的改变，师资管理模式应进行相应的调整以适应新的需求。

（2）灵活应对突发事件：在面临突发事件时，师资管理模式应具备快速响应和有效应对的能力。例如，在疫情期间，学校可能需要调整教学计划、开展线上教学等，此时师资管理模式应能够快速调整以适应这些变化。

（3）持续优化和改进：师资管理模式不应是一成不变的，而应随着实践的发展而不断优化和改进。例如，通过定期收集和分析数据、听取教师和学生的反馈意见等方式，发现管理模式中存在的问题和不足，并采取相应的措施进行改进和优化。

二、师资管理模式的构建还应遵循市场规律的原则

1. 合理性原则。成功的市场经济模式经验已经证明,市场能够适应不断变化的社会经济条件而发挥优化资源配置的基础性作用。其中的人才市场就是运用市场机制来调节人才的供需关系,实现人才的合理培育。在"人才资源是第一资源"的思想指导下,人才资源的开发和利用,合理配置、使用教师,实现教师与生产力其他要素的最佳结合,乃是高校师资管理工作必须坚持的首要原则。

2. 开放性原则。发达国家高校师资的配置,均把国内人才市场与国外人才市场联结起来,以达到更合理地配置国内师资资源和利用国外资源的目的。学习、借鉴、合作和利用发达国家师资管理创造的文明成果,结合实践进行新的创造,才能赢得时间,加快建构具有中国特色的高校师资管理模式。

3. 竞争性原则。成功的市场经济模式下的高校师资管理活动,由于宏观上提供了良好的环境条件,竞争机制已经融入其中。通过自主公开招聘,应聘竞争考试,建立师资流动层,定期考核聘用与晋升,"非升即走""英才超常使用"等管理行为,组织开展公平竞争,选优汰次,促进师资资源的优化配置,通过制定有关的师资管理法规,来规范教师的竞争行为,开展有效竞争,增强活力,组建高质量的师资队伍。

4. 渐进性原则。西方发达国家的师资管理经验经历了数百年的积累和完善,我国建立成熟的市场经济制度需要一个长期的、艰难的发展过程。我国高校师资管理模式是在宏观条件逐步成熟的情况下构建的,特别是在我国刚刚进入高等教育大众化的背景下,高校师资管理工作是一个不断实践、不断完善的长期建设过程,试图很快解决管理模式问题是不现实的。

5. 效益性原则。成功市场经济模式下的师资管理活动,十分注重提高师资

的利用效益。选聘一流师资，构建结构合理、具有竞争活力基础的师资队伍，以合理的生师比、灵活的专兼职教师制度和高效精干的管理人员等管理组织形式和管理行为，培养高质量的适应社会需要的各种专门人才，创造高新科学技术成果，这样的高校才能具有良好的经济效益和社会效益。

第二节 强化现代师资管理模式的基本内容

一、制订教师资源规划

包括对教师资源现状作出评估，依据学校的发展战略、目标和任务并应用现代规划方法对未来教师资源供给和需求的各种指标作出预测，再把学校教师资源需求的预测数与同期内学校本身可供给的教师资源数进行对比分析，测算出对各类人员的所需数量，从而制定平衡人力资源供给和需求矛盾的方针政策和具体措施，如补充、调整人员和减员等各种方案。

二、实施岗位职务分析

职务分析是收集所有与工作有关的重要信息，并对某一特定职位、任务、职责以及完成此项工作所必须具备的知识、技能加以详细说明，即制定职务说明书与职务规范的系统方法。学校人事部门要采用观察、问卷、谈话、讨论等方法，对从调查职务信息、分析书面材料和各部门负责人及实际责任工作者讨论中获得的信息，进行分析、归类，写出综合性的职务说明和职务规范，并召集整个调查中所涉及的部门负责人及任职人员，讨论制定的职务说明及职务规范是否完整、准确，最后根据讨论结果确定出一份详细的、准确的职务说明和职务规范。

三、有效配置各种人员

高校的人力资源主要由三支队伍或四支队伍组成，教学科研人员包括实验辅助人员、党政管理人员、后勤服务人员，20世纪90年代以来又衍生出一批校办产业人员。高等学校承担的教学、科研、社会服务三大职能决定了高校以教学科研人员和中高层次管理人员为办学主体。高校人力资源管理就是要根据高校办学目标对学校的三支（四支）队伍进行合理布局，大力充实教学科研人员，精减党政管理人员，大幅度压缩学校非教学性经费开支，对后勤服务人员和校办产业人员实行企业化管理，切实改变一方面人才紧缺另一方面又人浮于事、人员结构严重失衡、人力资源利用效率低下的现状。高校人力资源管理要围绕学校的办学目标，合理规划、配备各方面的人才，正确处理好部分与整体的关系，针对各类人员的特点予以管理，通过多种手段的有效配合，实现系统内部各要素之间的整合，真正做到人尽其才、才尽其用，事得其人、人适其事，把人力资源的潜能转化为高校的整体财富。

四、实行人本管理、分类管理

所谓人本管理，即在管理过程中实行以人为本。人力资源有别于物力资源，具有生产者和消费者双重属性，其作为消费者的一面如不能得到充分重视和关心，势必影响其作为生产者的一面。这就涉及一个劳动报酬问题。在高校搞"平均主义""吃大锅饭"的情况至今并未根除。如何按照"效率优先、兼顾公平"的原则，改革原有的分配制度，以岗定薪、按劳取酬，优劳优酬，以岗位业绩津贴为主要内容，建立重实绩、重贡献，向高层次人才和重点岗位倾斜的分配激励机制，则是一个重要问题。另外，高校人力资源不仅具有经济人的一面，还具有社会人的一面，尤其是从高校教师的个人需求整体而言，重精神超过重物质。人本管理与单纯的文件管理、制度管理不同。它充分尊重教师的个人尊严、自我价值和个人需要，充分关心教师的教学工作、科研工作，以及个人的生活需求，对人才的任用不拘一格，扬长避短；多了解和听取教师的意见，公开和教师分享学校重要的信息。高校教师在时间和意志上都享有相对企业和机关人员更大的自由，对这一教学科研群体的管理更不能千篇一律、简单划一，应注意对人力资源的开发和利用与投入和培育相结合、报酬福利的投入与精神情感的投入相结合，只有这样，才能有效地调动教师的积极性，充分利用高校的人力资源。

高校教师分类管理是进一步优化我国高校教师管理机制，推动高校教师专业发展，提升高校教师队伍整体质量的重要方式。当前，高校人事管理制度改革作为高校管理制度改革的重要组成部分，既受到了极大的关注，也面临着严峻的挑战。高校人事管理制度改革归根结底解决的是高校人力资源开发的问题，回应的是高等教育全面发展的现实诉求。当前的高校人事管理制度改革无论是在改革的深度，还是在改革的广度上都面临着亟待突破的困境。一方面，当前的高校人事管理制度改革在教师分类管理层面多着眼于岗位分类设置及相应岗位的管理，涉及的问题虽然涵盖了教师岗位聘任、考核、培训、退出等环节，但是由于多重因素的制约，改革多停留在表面，未能突破到法制的核心层面。教师分类管理中的教师聘任、考核、培训、退出等环节，面临着我国人事管理传统意识的坚强壁垒，人事管理制度改革难以涉及核心层面。另一方面，当前的高校人事管理制度改革在教师分类管理层面呈现出一种明显的畏难情绪，相关改革更愿意涉及容易操作的教师聘任、培训等环节，而在教师考核、退出等关键环节，由于多种利益的纠葛难以将改革落到实处。虽然很多高校在教师分类管理方面进行了诸多探索，对教师岗位进行了分类设置，但在不同类型教师的管理过程中则呈现出一种"无为"的状态，教师分类管理并没有真正落到实处，高校人事管理制度改革未能做到管理环节的全覆盖，很多关键环节面临着亟待解决的问题。因此，优化高校教师分类管理模式，通过更系统而深入的研究准确把握高校教师分类管理的理论指引和实践路径，以进一步丰富高校教师分类管理的理论体系，更好地指导高校教师分类管理实践，推进高校师资队伍建设。

五、建立有效激励机制

工作动机是行为和积极性产生的内在驱动力和直接原因，只有千方百计地激发起教师的工作动机，才能使他们在自我激励、自我评价和充满自信的环境中，把极大的劳动热情投入工作，并将自己的行为最大限度地并入学校所期望的轨道，充分调动和维持他们工作的积极性和创造性，发挥潜在能力。激发工作动机是现代人力资源管理的基本职能之一，所以，高校人事师资部门必须想方设法对调动工作动机的心理过程加以考虑、设计和实施，广泛采用经济、信任、职务、知识、情感、目标、荣誉和行为等激励方法，以激发教师的工作动机，提高工作绩效。

人力资源管理的核心是保持和激励员工的积极性与创造性，有效地实现组织目标和员工工作的满足感。拥有人才是前提，而要使人才最大限度地发挥作用，最大限度地调动他们的工作积极性，更是高校师资管理工作中最应关注的问题之一。这既是提高教学、科研质量的迫切需要，也是教师本身发展的需要。实践告诉我们，如果不从理论上探讨调动教师工作积极性的规律，不从宏观与微观的结合上促进激励机制的健全与完善，教师工作的积极性就不可能得到很好的发挥，学校教育管理和科研水平就不能提高。

六、构建终身教育体系

高校人力资源，一般体现在学术劳动力的文化水平（学历）和专业技术水平（职称等级或技术等级）上。高校人力资源质量的提高，在一定程度上决定了高校的教学科研产出水平、办学效益和教学质量的提高。许多高校在优化教师队伍方面采取多渠道、大力引进"双高"人才的手段，以改善师资的学历结构和职称结构。引进高素质的人才是必要的，但同时应充分认识到立足本校人才资源，加大师资培训力度的重要性。

第三节　发挥政府对高校教师人力资源开发统筹主导作用

高校教师是高校中最主要的人力资源，合理利用和开发高校教师人力资源，是推进高等教育内涵式发展的关键。在当前我国构建人力资源强国的背景下，在诸多人力资源开发主体中政府起着主导作用，政府角色的合理定位可以加快高校教师的人力资源开发，进一步推进高等教育内涵式发展。

一、政府在高校教师人力资源开发中的角色定位

判断一个政府的角色是否合理，关键是要看政府是否能根据高等教育发展的客观要求制定和实施有效的公共政策，推动高等教育良性发展。在高校教师人力资源开发中，政府角色不是固定的，政府将以"有效性"作为它介入高校教师人力资源开发中的一个基本标准。政府在高校教师人力资源开发过程中应充分发挥其各项行政职能，科学认识其在不同方面、不同阶段的职能，并能适应环境和形势的变化及时转变职能，调整策略，积极引导高校做到教师人力资源开发的终身化与整体化，给他们提供政策支持。政府有四大职能：经济发展、市场监管、社会管理、公共管理，据此我们将政府在高校教师人力资源开发中的角色概括为以下四方面。

1. 政府是高校教师人力资源开发目标的指引者

从人性假设"经济人"观点来看，市场经济条件下，各个行为主体出发点都是追求自身利益的最大化。在市场经济活动中，高校会结合国内外尤其是国家的政策等各种信息，再加以综合分析，对未来的教师人力资源情况进行理性预测，从而确定开发的目标和规划，但是，由于信息的不对称性和单向性，高校的判断预测容易出现偏差，从而使得高校制定的教师人力资源开发规划出现失误。如果政府放任不加以干预，那么就会出现高校的教师人力资源开发混乱、开发流于形式或盲目开发等现象。因此，政府应该坚持综合性、前瞻性、动态性和可操作性的原则，对全国教师人力资源的情况进行分析，最后对教师人力资源开发进行科学合理的预测，建立教师人力资源开发的顶层设计、制定总体规划，鼓励和指引高校充分认识自身条件和实力，以政府制定的人力资源开发规划为导向，明确教师人力资源开发的目标，制定科学、具体的有助于高校长期发展的规划。

2. 政府是高校教师人力资源开发制度的制定者

现代行政管理的根本目标，就是更好、更有效地提供公共物品或公共服务，促进公共利益的最大化。如何保障管理者不偏离其根本目标，不以权谋私，而是致力于促进公共利益的实现，这就需要法律加以保障。这使得政府在行使管理权力时，既要受法律的约束，体现政府有限的特征，又要制定法律保证权力的正确运行，从而增进社会公共利益，体现政府有效的特征。高校教师的人力资源开发中有众多因素相互作用、相互影响，相互之间存在一定的矛盾，同时受外部和内部环境的影响，如何在这种复杂的环境下，发挥相关主体的作用，合力完成开发目标，如果仅仅依靠市场的作用很难完成。因此，需要建立起有效的法律调控机制，形成一系列较为完整、系统、务实的制度法规，以法律制度规范各个主体之间的关系，规范、协调他们之间的行为。

目前，我国高校教师人力资源开发活动的规则包括：制定有效的协调人力资源开发主体之间矛盾的政策；制定有效的高校教师人力资源开发对外交流政策，积极鼓励高校吸引国外优秀人才，积极派遣教师出国留学；制定高校教师人力资源开发中的教育经费投入政策、继续教育政策等；制定高校人力资源开发中约束政府行为的规则等。通过立法推行产学研培养人才政策，建立在政府指导下以企业为主体、市场为导向，多种形式的产学研战略联盟，通过共建科技创新平台、开展合作教育、共同实施重大项目等方式，对人力资源进行有效开发。

3. 政府是高校教师人力资源开发资源配置的调控者

在当前社会主义制度下，要想确保我国社会主义经济顺利发展，就要充分地发挥市场在资源配置上的决定性作用。由于目前我国处在经济转型发展的关键时期，市场经济仍不完善，政府只有真正做到宏观调控和市场资源配置的有效结合，才能维持我国的市场经济秩序。政府配置高等教育资源是转型期的必然要求，一方面，是由于政府的财政投入是高校教育发展的主要保证。另一方面，由于我国目前实行的是按劳分配为主体、多种要素参与分配的分配方式，在实现高等教育机会均等、兼顾实现社会文化发展和保证国家高素质人才培养之间的平衡问题上，只有政府通过财政投入、政策调控才能实现；因此，在高校教师人力资源开发的资源配置中，政府应发挥其宏观调控功能，从经济和政策上予以协调，从而建立起政府调控和市场调节配置相结合的资源分配模式，需扮演调控者的角色。

4. 政府是高校教师人力资源开发过程的监督者

高校教师人力资源开发需要政府的监督管理，作为高等教育最大的投资主体，政府在高校教师人力资源开发的监督上占据主导地位。在当前市场经济发育尚不完善，社会参与的力度有限，完全运用市场手段监督高校人力资源开发不太现实的情况下，政府的监督很有必要；同时也是政府行使其市场监管职能，按照法律程序通过司法部门或行政部门对高校教师人力资源进行监督管理的具体体现，通过行政手段干预市场运行、使市场更加有序高效运行。充分利用政府的制度性力量，通过政策法规的制定，来宏观调控高校教师人力资源开发，补充市场机制的不足。政府对高校人力资源开发的监督内容，主要是监督高校对政府制定的各种人力资源开发政策、制度的遵守情况。政府通过抓好监督，保证实施各项开发政策，进而实现高校教师人力资源开发目标。

二、政府加强和完善高校教师人力资源开发的对策

在我国高校教师人力资源开发中，政府是以指引者、制定者、调控者和监督者的角色发挥作用，它的宏观作用对高校的教师人力资源开发影响很大。在我国目前教育劳动力市场发育不完善的情况下，政府的宏观调控作用至关重要，政府应当通过经济手段、法律手段、行政手段等对高校教师人力资源开发进行合理的导向、科学的规范、超前预测及有效保护。

1.明确高校教师人力资源开发目标，应先制定高校教师人力资源开发规划

制定规划是高校教师人力资源开发的第一步，根据人力资源开发的特点，高校教师人力资源开发是一项系统性、战略性、规划性、完整性的工程，需要不断地协调各个要素之间的关系，因此，政府在制定政策的过程中要从战略全局出发指导高校明确开发的目标，确定长远的有效的战略规划，从而全面推进我国高校教师人力资源开发。制定一个好的人力资源开发规划，既要把握好未来社会人才需要的时代背景，又要立足于本校实际；既要眼光长远、具有前瞻性，又要具有可操作性；既要具有统一性，又要具有灵活性；既要具有配合性，又要具有博弈性。

（1）战略性、前瞻性开发目标的引领

①高校教师人力资源开发的目标

高校教师人力资源开发的一个重要目标，就是提高教师的素质。改进高校教师人力资源效益，提高教师本身的专业技术能力、自我学习能力、专业技术更新能力等。建设高质量的教师队伍，是我国高等教育内涵式发展的基本保证。政府应该以教师全面教育为中心，重点教育为抓手，促进高校教师整体水平提高为最终目标。

高校教师人力资源开发的战略目标，应该包括水平目标、方法目标与管理目标，要有策略性、针对性、前瞻性与科学性。战略目标应该与未来社会发展主流要求与趋势保持一致。高校教师人力资源开发目标的确定与选择的基础之一是战略"诊断"。战略"诊断"的重点是要认知高校教师人力资源开发的核心竞争力，因此必须先对高校的教师现状作出分析，找准目前人才培养中存在的问题与原因，与教师素质、能力和知识要求的关联程度，从而对高校教师队伍的优劣有清醒的判断，并在此基础上对学校的招生质量、教学研究水平、人才市场竞争力和人才培养的水平进行纵向与横向分析，获得对高校教师素质、能力和知识的核心竞争力的水平、阶段和发展要素的准确认知，从而明确开发目标。

②把建立和维持高校持久的竞争优势作为教师人力资源开发目标的出发点与归宿

一个好的人力资源开发目标，应该有助于高校的发展与竞争优势的长期保持。而高校的发展与竞争优势保持的关键，在于其师资的优势和其培养的人才在未来社会中的发展能力。要做到这一点，就必须深入了解高校人才培养的现状、问题与发展，尤其需要关注社会发展的趋势与要求，预测未来社会对于人才的需求。大量研究表明，无论对于个人还是组织，成功者的一个重要特征就是始终不懈地追求一个科学的目标，并且为此付出不懈的努力。对于高校来说，把建立和维持高校持久的竞争优势,作为高校教师人力资源开发目标的出发点与归宿,不仅指明了未来人才培养的方向与要求,而且能够引导各种教育资源的优化配置,有助于协调不同部门与教师人力资源开发之间的活动,增强教师个人、政府与学校之间的一致性与合作。

(2)科学制订高校教师人力资源开发规划

①规划能够帮助高校主动应对未来社会的各种挑战

制定教师人力资源开发规划,要具备灵活性和博弈特征,因为我们对高校本身及其周围的环境的认识不可能是确定的,也不可能完全控制。因此,我们制定的人力资源开发战略,应该体现一种主动灵活的精神与博弈的功能,能够帮助高校在未来人才培养的过程中,主动地迎接与灵活地适应由于环境变化带来的各种挑战。对于各种突变因素,规划系统中应该有相应的方法对策。虽然人力资源开发规划不是万能的,不可能应对未来出现的所有问题。但是,缺乏开发规划,对整个高校教师人力资源开发没有系统的事先的科学分析与预案,在具体的教师人力资源开发过程与管理中,就容易产生随意性与混乱性。在学校的高层决策与管理中,由于没有开发规划的指导,某些教师人力资源开发的关键决策,就可能变得易于受到主管领导选择偏好的左右。

②以政府人力资源开发规划为导向,高校要有序开展教师人力资源开发的工作,高校作为人力资源培养的基地,其教师人力资源开发规划应走在时代的最前列,要以满足高校的发展为前提。高校教师人力资源必须从战略的思考和发展的视角进行科学合理的目标定位,要把培养、引进、保持和管理等环节结合起来。合理的教师人力资源规划应具有预测性,包括人才更新计划、人才吸引计划、人才发展计划、全员培训计划、人员晋升计划,以及绩效考评计划等。高校要围绕学校的发展目标进行人力资源的策划,既要制订近期的计划,也要做好长期的规划。

在制订人力资源规划时，首先，以政府的规划为导向，从高校未来发展的方向出发，超越目前的正常条件，确定具有弹性的教师人力资源开发的长期规划，并且根据这个规划，划分为中期和短期的内容以及更加具体的计划。其次，要把人才的引入和培训放到高等院校教师人力资源开发工作的首要位置，政府要为高校做好留住高水平人才创造良好的环境和机制，并在规划工作中体现人才的重要性。最后，规划的目的既在于眼前，也着重于长远，从眼前来看，政府部门应创造相关教育科研平台，增强高校在国家层面科研创新的参与度和融入感，增强高校对高水平学科领军人物的吸引力以及对高水平师资力量的培训力度。从长远来看，需要把专家级别的教师和起到旗帜引领作用的教师的培养工作当成教师人力资源开发的长远目标，一直保持高等院校各个学科的整体优势。

2. 完善高校教师人力资源开发的法规和机制建设

法治是治国理政的基本方式，是行政管理的原则之一，在建设法治化社会的过程中，政府更要依法行政、依法管理，在高校教师人力资源开发过程中，政府应当完善相关法律，确定规则，进一步规范政府和高校在教师人力资源开发中的行为，保证高校教师人力资源开发的秩序，开辟高校教师人力资源开发的新渠道。

（1）建立高校教师人力资源开发的法律保障体系

①政府推进和完善高校教师人力资源开发法律体系

我国要全面推进依法治国，法治是治国理政的基本方式，我们要完善中国特色的社会主义法律体系。健全高校教师人力资源开发法律体系是我国依法治国战略的要求。目前，涉及高校人力资源方面的法律有《中华人民共和国教师法》《中华人民共和国教育法》《中华人民共和国高等教育法》《中华人民共和国劳动法》《中华人民共和国劳动合同法》《中华人民共和国就业促进法》《中华人民共和国教师资格条例》等,但是这些法律规范都是从宏观上进行规定,都是一些原则性的、普遍性的规定。我国还缺乏一个系统的、针对性强的、具有可操作性的具体法律规范体系。因此,政府应该将现有的制度法规进行整理加工,以条例或者细则的形式对教师的聘任、培训、进修、流动等方面进行规定,形成一个具体的法律规范体系。另外,对于高校师资流动涉及的关于社会保障问题及高层次人才引进其配偶的安置问题等,应出台权威的、可操作的政策法规。同时,对于市场运作过程的不公平、不规范等现象缺乏有效的规范措施。只有规范化的高校教师人力资源开发政策法规,才能正确引导高等教育的良性发展。

②政府加强高校教师人力资源开发主体的法治教育

高校教师人力资源开发是一项系统的复杂工程,它涉及政府及相关部门、高校及相关部门、社会以及教师等主体。政府需要加强对开发所涉及的相关主体的法治教育,使其明确把握相关的规章制度,增强其法律意识,自觉依法行使权利和履行义务,贯彻相关法律法规的执行,从而促进高校教师人力资源开发的规范化、制度化、科学化。

③政府加强对高校教师人力资源开发制度法规的执行监督

制度法规的完善为高校教师人力资源开发提供法律保障,再好的法规如果无法落实便是一纸空文,因此政府应充分发挥其监督权,可以设置相应的监管部门,对教师人力资源开发中的制度法规实施情况进行监督检查,切实保障高校教师人力资源开发的有序、稳定进行。

(2)强化高校教师人力资源开发投入机制

①完善经费投入机制,提升教育质量

高校教师人力资源开发离不开政府的支持,政府的政策决定极大地影响着高校的教师人力资源开发。20世纪以来美国始终相信"教育是一种人力资本",

并且一直保持全世界人力资本聚积的强国和教育最发达国家的地位，它是世界上教育经费支出最多的国家。优先发展高等教育和开发利用人力资源，使潜在的资源优势转化为现实的人力资本优势，继而转化为人力资本的国际竞争优势，从而促进了国家经济长期稳定和持续的增长。借鉴美国的高等教育发展经验，首先，我国应当明确优先发展教育的战略地位，注重并加大教育经费的投入，出台相应的法律保障教育经费的投入地位。其次，注重中央政府与地方政府以及社会力量的配合，共同发展教育。最后，多渠道保障教育经费投入，进一步加大对多元化筹措教育资金的扶持力度，对企业、个人等的教育投入提供法律保障。比如，完善我国现有的《中华人民共和国公益事业捐赠法》，对于企业或个人的投资，除了已有的实行从税前所得中全额扣除捐赠额优惠，在其他具体的税收政策上明确优惠政策，鼓励企业、个人对高校捐赠投资。

②强化人才投入建设，提升人才吸引战略

人才是当今世界的最关键资源，人才的争夺在各个国家之间愈演愈烈，美国、德国、日本等发达国家纷纷出台各种策略，积极争夺国外人才。无论对于高校教师人力资源开发还是国家的人才战略来说，吸引国外人才是当前政府人力资源开发的一项重要举措。首先，政府确立人才吸引的战略地位，制定人才引进的优惠政策。其次，通过多种渠道、多种手段吸引人才；通过高薪引才、企业引才、优秀人才优先待遇等方式吸引国外优秀人才；通过专项基金设立"研究学者计划"吸引世界一流学者，同时注重人才引进后的稳定工作。

（3）规范高校教师人力资源开发的管理制度

①逐步完善培训机制建设

高校教师人力资源开发的一项重要途径就是高校教师培训，它是达到教师人力资源开发目标的一种主要途径。因此，政府应当在高校教师培训方面加强宏观指导，指导高校开展多方位、多层次的教师培训工作，创造更多的进修机会，进一步健全和完善包括学术休假制度、学习进修制度等制度法规，同时以政策法规形式规定培训的资金保障。高校教师的入职培训对于高校新进教师具有重要的意义，也是新进教师组织社会化成功与否的关键因素。教育部要求新入职的教师必须参加入职培训。我们完善入职培训应该在原有以"高等教育法规概论""高等学校职业道德修养""高等教育学""高等教育心理学"四门课为基础的内容上，增加实践教学、讨论、交流以及示范教学等环节，改变以往重理论轻实践、培训形式单一、培训过程枯燥的现状。明确以法律规范的形式对新教师入职进行制度化的规定。以制度化的形式将新教师入职培训的相关规定明确，比如，培训的方式、培训的时间、培训的考核、培训的经验等，可以极大地保障新任教师入职辅导的规范化和有效性。

推广专业性的校本培训。校本培训是一种以学校、教师为主体，以解决具体教学问题为基本理念的培训模式。它对丰富高校教师教学培训形式，从根本上提高教师教学水平和高校教学质量具有重要意义。政府应当积极推广校本培训，指导高校在组织管理上，设立高校教师教学指导中心，作为教师培训的常设机构；培训内容上注重丰富性、多样性，注重理论联系实际；培训方法上加强教师实践能力的培养，通过与老教师交流、观摩名师教学等方式，提高教师的教学水平；德国汉堡国防大学教学指导中心蒯斯（Kuai Si）博士认为，培训"重要的不是向参加者推荐唯一的一种理想化的教学形式，并使他们熟练这一种形式"，培训的目的"是让参加者了解和练习多种多样的教育方式，让他们根据不同的授课目的和课堂情况，根据各种不同的大学生成分去有选择地运用这些方式"。

综上，要提高高校人力资源水平可以通过增加多层次的培训机会，让高校的教师有机会多学学、多看看，接触最新的科技前沿，不故步自封，时时刻刻掌握最新的技术，并将自己的知识很好地教授给学生，培育更多的优秀人才。

②建立合理的评价激励制度

我国高等院校在进行教师人力资源的开发中,需要建立合理的考核评价机制,并且利用有效策略更好地激励教师。有研究表明,一个人在缺少激励的工作环境中,他的潜力只能发挥20%~30%,但是在有效激励下可以提升到80%~90%。[①] 高等院校是出人才的地方,如果想培养出更优秀的学生,就需要相对优秀的教师,所以,人力资源开发的水平关系到高等院校的整体水平,并且对高等院校未来的发展起关键作用。做好人力资源开发工作,能够促进学校达到突破性的进展,并且培养出更多的人才来建设祖国。高等院校在教师人力资源开发中,需要做好激励工作,建立合理而有效的相关机制。学校对表现优秀和具有特殊贡献的教师要给予相应的奖励。学校在对教师进行激励的过程中,要在精神和物质上都给予相应的激励,通过不同类型的激励方式,并且按照一定的原则,激发教师的工作热情,使其对自己的职业感到无限的自豪,并且对自己的学校感到骄傲。

③建立良好的沟通机制

教师是高校人力资源中的主体部分,高校的教师人力资源开发要始终坚持尊重教师的意愿、了解教师的需求、激发教师的能动性和创造性。建立高校教师向上反映、向下传达的良好机制,使信息能得到良好的流通,意见能得到全面正确的反映,使其始终向有利于教师成长的方向运行,同时高校也要及时向教师宣传、解释自己的政策,使教师能理解高校进而支持高校。根据需要层次的相关理论,高等院校教师的需要主要是尊重的需要,以及实现自己价值的需要。对于高等院校的教师来说,他们希望被学校和他人尊重和重视,并且能够在工作中实现自己的价值,生活更加有意义,因此,高校也要对教师加强在情

---

① 李晋. 高校教师队伍建设与管理模式探究 [M]. 长春:吉林大学出版社,2022.

感方面的投入。教师不是工作机器，不是机械地进行教学和研究，他们是具有高级情感的人。用情感留住人才的工作是精细周密的拴住人心的工作。情感投入可以使得所有教师心系学校，成为一个学校大家庭。学校尊重每一位教师，那么每一位教师肯定就会热爱学校。在企业管理中如果投入感情，便能获得较好的成效，对高等院校而言也是如此。高等院校需要制造和谐相处、尊重人才、正面积极的氛围，让教师把学校当成自己的家，使得每位教师都可以快乐地工作和研究，从而发挥自己最大的价值。

高校在教师人力资源开发过程中，关键就是给教师制造有利于自我发展的空间，营造有利于自我提升的环境。高校要营造一种良好的环境，要努力地为教师提供较好的办公环境，特别是人文环境，使他们在良性竞争中进步发展，有效提高高校的核心竞争力。同时，在这种环境中，优秀的教师能够更加突出，每个教师之间能够进行自由的交流，提高彼此的学术能力和教学水平。高校通过聘用和邀请国内和国外的业内专家和著名学者到校内开办讲座或交流会，来加强校内教师在专业知识或技能方面的交流，既能交流新的知识和技能，也能促进学校教师的发展。同时高校也要增强校内和校外关于学术方面的交流和沟通，增加教师和学生之间的学术活动，制造良好的氛围，对学校进行各个方面的治理，将校园变得更加干净、美丽，为教师制造舒心工作和开心生活的学校环境。

（4）加强高校教师人力资源开发的监督体制

作为高等教育最大的投资主体，政府在高校教师人力资源开发的质量监控方面占据主导地位。目前，我国市场经济发育尚不完善，社会参与的力度有限，完全运用市场手段监督高校人力资源开发的质量不太现实，仍然需要政府的参与和支持，需要充分利用政府的制度性力量，通过政策法规的制定，来宏观调控高校教师人力资源开发，补充和矫正市场机制的不足。具体来说，政府通过立法规范、行政指导、评价督导等方式，通过政府、高校、社会三方主体来加强对高校教师人力资源开发质量的监督。

①政府立法规范，完善监督体制

政府制定相应的制度法规用以规范高校教师人力资源开发，既是政府要在法规范围内行使管理权，也是高校制订其教师人力资源开发具体方案时的依据。同时，政府根据其行政职能由相关部门依法对高校教师人力资源开发实施监督，对开发的过程进行依法督促、管理。政府应制定相应的监督法规，将各监督主体职责、职权、组织设置等进行规范，并具有可操作性，既体现了政府依法行政的原则，提高了监督的权威性，又完善了监督体制，提高了高校教师人力资源开发的规范性。

②高校依法实施，实现监督目标

高校在政府制定的政策和法律范围内活动，同样高校教师人力资源开发也应该在政府的制度法规范围内实施，这也是我国进行依法治校的具体表现，健全行之有效的监督机制，可以促使高校教师人力资源开发工作走上法治化、规范化的道路，也对高校的自主管理行为有一定的约束力。

③社会依法督导，提升监督成效

社会监督是来自政府和高校管理者之外的社会公众，依法通过各种形式和途径对高校教师人力资源开发进行的监督，是政府监督的一种有力补充。它具有基础性、广泛性和直接性的特点。政府健全社会监督机制，通过权威机构或者有关社会中介对高校教师人力资源开发进行全方位的直接监督，能及时发现高校教师人力资源开发实施过程出现的偏差或失误，可以促使高校及时调整开发方案，从而有效提高开发的效益。

3.合理配置资源，提高开发效益

约翰·S.布鲁贝克(John Seiler Brubacher，1898—1988)在其《高等教育哲

学》一书中提到,除非社会愿意重新分配目前用于国际空间探索、公共卫生和社会福利计划方面的国家资源,否则根本不可能有足够的人力、物力来普及高等教育。[①] 因为这种慷慨的资源重新分配是完全不可能的事情。因此,我们所面临的问题是怎样合理分配有限的剩余资源,这也是每个社会都面临的问题,合理分配资源配置,改进资源配置方式对于任何一个社会都是一件非常重要的任务。如何合理整合与配置社会资源和高校资源,让各所高校最大范围共享有效资源,避免社会资源的浪费,提升高校竞争力,对于政府来说,具有重要现实意义。

（1）发挥市场基础调节功能,加强市场监管

在高等教育大众化的过程中,政府部门要有效地发挥在高等教育资源配置中的调控作用,促进大学的发展,满足多元化需求。大学的发展就是要提高教育资源的配置效率,以高效的教育资源满足尽可能多的学生对多元化高等教育的需要。政府部门,特别是教育部门,对教育信息十分敏感,是国家政策的制定者和实施者,可以更好、更科学地配置教育资源。

政府应该合理地配置剩余资源,加大调控力度,充分提高高校教师在人力资源中的重视程度,密切地监控和调配各种资源。注重宏观调控,充分发挥市场在人才资源配置中的重要地位。

改善教师人力资源以往被人为分割、条块管理、各自为政的局面,在整个高等教育领域建立高效、灵敏、准确的人才预测、监控体系,对高校教师人力资源作出科学的预测和规划。

（2）优化教育资源配置,促进高等教育良性发展

目前,我国高等教育资源分配原则是在平等的原则下兼顾效率,在资源总

[①] 苏智先,佘正松,张继华,等.现代大学制度创新研究[M].成都:四川人民出版社,2008.

量不足的情况下我们允许出现适当的差别,但是在确定资源优先的对象上,政府应该建立公平的竞争机制,创造良好的公平的竞争环境,减少人为因素的影响。优先对象应该是在市场调节的机制下公平竞争产生,而不是由政府指定的。公平的竞争机制,自然会提高高校教师人力资源的开发效率,从而促进整个高等教育的良性发展。

教育公平是社会公平的重要基础。政府要大力推动教育资源均衡布局。一方面在硬件布局上推进均衡发展。另一方面在师资布局上推进均衡发展,改进完善师资引入平衡以及学科平衡等机制。

同时,我们要不断地提高政府宏观调控的能力,使之更加科学化和合理化,要不断地调整宏观目标使之更加地切合实际,政府和高校要重视市场竞争机制的作用,建立市场经济所要求的契约关系,充分调动高校积极性,使有限的高等教育资源发挥更大的效益,从而使得我国的高校师资体系更加的完善,促进高等教育良性发展,同时又能维护我国人力资源市场的稳定性,这样我国人力资源市场就能真正地做到公平化和透明化。

政府对资源配置的调节所采用的手段主要有:经济手段、法律手段、行政手段。政府应该坚持市场化原则对高等教育资源配置采取宏观调控措施,应以经济手段和法律手段为主,辅之以必要的行政手段,充分发挥宏观调控手段的总体功能。

①以经济手段为基础

《中国教育改革和发展纲要》(1993年)规定,财政性教育经费投入占GDP的比例为4%,而高等教育的财政经费也只占总财政性教育经费的20%。这个比例与世界发达国家水平更是相去甚远。政府应当通过财政政策提高高校教育的投入,明确"教育是一种人力投资",在高等教育资源上加大政府和社会的公共投资,积极引导企业和个人对教育的投资,多渠道开拓教育经费来源,同时鼓励高校加强内部改革。比如对于后勤服务，建立相应的后勤服务集团公司，转变理财方式，注重资金使用效益，使有限的资源发挥更大的作用。

②以法律手段为辅助

我国政府可以通过立法和拨款进行宏观控制，逐步建立对中央政府和地方政府分级负责、地方管理和大学根据市场需求自主办学的独特的高等教育管理制度。以法律形式明确多种教育形式并存，鼓励社会和私人部门对高等教育的投入，进一步完善高等教育多元化投资的格局。

③采取必要的行政手段

政府在必要时可以利用行政手段整合高校之间的基础资源，建立统一的教师学习发展中心；发挥高校的品牌优势、师资优势、管理优势，鼓励高校之间的合并重组，减少教育资源浪费和闲置现象，使得一些资源得以充分利用，提高高校的规模效益，实现教育资源的优化配置。

4.建立和完善政产学研结合机制

我国自改革开放以来，高等教育事业的变革和发展虽然已经取得了令人瞩目的成绩，但是从我国现行的教育体制、教育观念、办学机制、人才培养模式、教育内容和教育方法来看还有很多不足，不能完全适应新形势下对人才培养的要求。高校在培养人才的同时还要使科研成果转化为生产力，从而提高企业经济效益，这是经济全球化时代对高等教育的要求。国内外高等教育的发展实践证明，产学研结合模式是高等教育发展的时代要求，是培养应用型人才的一个重要途径。而由政府参与的产学研合作，也使得高校的专业建设在宏观政策把握方面起点高、视野宽，企业和社会资源的利用，进一步改善了高校的办学条件，提高了高校的知名度，从而更能吸引优秀的教师进入高校。

（1）建立政府引导、高校实施、企业参与的政产学研创新平台政产学研的合作模式可以加强高校和企业,尤其是高新技术企业的合作,高校教师从而能一直接触到最新的技术发展方向和最真实的人才需求状况,高校也将对学科体系、师资力量进行优化调整,拓宽学科发展的新路子,也促进教师专业和学术水平的提高。

①搭建多模式创新平台,完善政产学研合作环境

在产学研合作中,我们应改变以往产学研合作碎片化、孤岛化的现象,突显规模品牌效应。围绕地区重点发展的产业领域,建立以高校为主体的知识创新体系建设;围绕支柱产业、优势产业,整合资源,组建具有国家一流水平的产业科学研究院,在源头上实现知识创新、技术创新;依靠区域优势,以高校和科研院所为依托,以高新技术企业为龙头,以一体化合作研究形式,打造高水平产学研科技园区和特色平台,创造品牌效应。

②引领专业人才创新能力,优化产学研合作智力保障

当今世界,创新已成为经济社会发展的主要驱动力,创新能力成为国家竞争力的核心要素。面对日新月异的科技进步,迫切需要转变创新理念和模式,加快以学科交叉融合为基础的知识、技术集成与转化,加快创新力量和资源整合与重组,促进政产学研用紧密结合,支持国家经济和社会发展方式的转变。高校教师作为一个国家人才资源的核心,作为一个国家人才培养的核心,其创新能力对于一个国家的发展至关重要。但是,受我国高等教育长期以来过分量化的评价机制影响以及整个社会创新意识的匮乏,我国高校教师的创新能力和创新意识明显不足,原创性和国际化的成果较少,因此,通过政府引导的产学研机制来提高教师的创新能力具有很大的现实意义。一般由政府主导的产学研合作起点高、视野宽,高校教师以具体的职务,进入各个企业和研究单位进行培养锻炼或者在相关岗位工作,深入了解实践,将科技成果落实到实际生产中,推动社会发展,从而提高教师的创新能力和创新意识。教师创新能力的提升,

也将最终为政产学研合作提供相应的智力保障,促进各主体的共同发展,为政产学研合作良性循环提供保障。

(2)提供政产学研结合的机制保障

2012年3月15日,教育部和财政部联合颁发了《关于实施高等学校创新能力提升计划的意见》,标志着提高高校创新能力已经进入国家战略层面。这也是由政府主导的多方参与的系统工程,它涉及政府、高校、企业等多方主体的利益需求,需要融合产学研各方以及社会其他多方面资源,充分发挥系统成员各自的比较优势和特色,是高校、科研院所和企业多方共赢、整体提升可持续发展能力的战略选择和必由之路。而政府则要主导做好顶层设计,形成有力的机制保障。

①推进公共服务,挖掘校企合作渠道

产学研的合作对于高校和企业来说都是双赢互利的事,高校获得一定的市场资源,得到实训基地,改善了办学条件,教师人力资源也得到开发,科研成果得到转化;而企业则得到了人才资源、解决了一定的技术难题,提高了企业知名度,获得一定的前沿成果。然而在实际工作中,由于信息渠道的不畅,沟通平台的欠缺,中间媒介的缺位以及资金方面的问题致使高校和企业的合作并没有达到预期的效果,产学研的合作并未得到良性发展。因此,政府应当发挥其公共服务职能,在高校和企业之间发挥桥梁作用,为高校和企业搭建合作的平台,同时提供一定的优惠政策和资金支持,调动高校和企业的积极性。

②加强立法保障,提升校企合作成效

高校在政府制定的政策和法律范围内活动,又相对独立地有效运转。高校在发展过程中越来越注重产学研的结合,促进教学科研及研究成果的经济效益转化,而在这个过程中政府起到了非常重要的作用,它通过立法手段对高校和企业之间的合作发挥着主导作用。政府通过各种有利政策的制定如奖励、财政、贷款等，支持企业、高校、研究机构的合作，通过政策支持协调他们之间的利益结合，更好地实现经济效益。例如，完善各种补贴政策，通过各种补贴鼓励企业、高校、研究机构努力钻研各种新技术、新手段，通过掌握行业尖端技术巩固在市场中的地位和份额。另外，通过资金支持、扶持微小企业给他们提供更好的平台，政府搭台子，给他们提供"孵化基地"，更好实现资源优化配置。当然，还可以建立产学研专项合作计划，完善资金走向监督流程，随时根据企业、学校、研究机构的要求调整年度计划，发挥平台优势，激励产学研项目的进程。

5. 扩大高等教育对外交流与合作

当前，我国高等教育处在竞争与合作并存、信息化、经济全球化、变化莫测的时代，给我国高等教育带来了很大的机遇，使得我们有机会了解和学习国外一流大学在人才培养模式、科研、教学方法、管理技术等方面的经验，而且与国外高校的合作，与国外高水平的教师之间的交流，有利于高校和教师学习世界最前沿的科技知识和调整专业走向，将会大大增强我国高校教师的国际化水平，极大提高我国高校教师人力资源开发的效果。

（1）完善公派留学体系

公派出国留学是指由国家统一安排，并提供经费，使相关人员出国留学的方式。国家安排相关人员出国留学，主要是为了推动我国社会的进步和发展，促进我国人力资源建设和国家创新建设。通过教师公派出国学习他国的观念和经验，提升学校、教师的水平和能力，从而推动我国教育事业的发展。高校教师公派出国留学有利于提升我国教师的整体素质，并通过引进国外先进的学识和观念，为我国教育事业打开一扇全新的大门。通过安排教师出国留学，能够促进学校的发展，使学校向国际化学校进军。某学科教师通过出国留学，可以学习和了解到该学科在国外的发展和研究进度，以及其他国家对于该学科的教学方式，从教师回国后可以带来全新的知识和风貌，从而推动学校的发展。教师公派出国留学，一方面在教师专业知识培养方面，提升了自身专业素质，另一方面开阔了教师视野，提升教师个人综合素质，最终将提高高校教师人力资源开发的效益。另外，教师出国留学还能发现科技发展的趋势，并通过引进先进的科技和知识，带动我国交叉学科和边缘学科的建设。

为了推动和鼓励各大高校教师出国深造，提高国家的人才质量，政府应进一步加强与各所高校的合作，制定各种出国留学项目，以支持高校教师的整体素质能够得到有效的提高，并增强各大高校的师资力量。

①增强高校教师公派出国留学的针对性

高校派出教师出国留学应该结合高校对人才的需求方向，一所学校有不同的学院和学科，要从宏观的角度细化，以学院和学科为基础。学校在出国留学管理方面应该只起到管理、指导和规划的作用，而对于培养和引进何种类型的人才，应该交由学院或学科制订相应的计划。另外学院和学科要结合自己的实际情况，并对学院和学科未来的发展方向，对人才的需求方向等进行细致的规划，并加以实施，由学院和学科作为出国留学的主导，能够使教师出国留学更具有针对性，教师能够通过学院制定的发展目标，设计出合适的留学任务，寻找到最适合的国家。其中学院促进留学教师在国外学习比较实用的先进技术，使教师回国后能够尽快投入国内的研发中。另外要加强对留学教师的管理力度，避免有些教师在国外没有按照目标完成任务。学院和学科要根据相应的目标规划教师的出国留学任务，避免有些教师为了出国留学而私自联系学校，从而致使出国后所选择的学校和专业与教师的任务不对口。

②保障高校教师公派出国留学的服务

为了促进我国高校教师公派出国能取得较好的成效，从事出国留学管理的工作人员要加强对国外大学的选择，使教师能够进入高层次的大学深造。外事工作人员要积极配合高校教师出国留学的服务要求，帮助教师填写申报材料，保障申报材料的质量。避免让教师认为国家和学校只负责出钱，而对教师没有其他的帮助。加强高校教师公派出国留学的管理，有助于提升高校的水平和影响力。完善我国公派留学体系，派遣更多的教师出国留学深造能够有效推动和促进学校、国家的进步。

（2）开拓对外交流渠道

与国外高校和其他机构建立交流和合作关系是高校培养骨干教师和科研力量的重要途径，也是促进高校对外开放的重要措施。

我国要继续开拓对外交流渠道，开展多层次的高等教育国际学术交流，促进国内外高校之间在科研和高层次人才培养方面的合作，鼓励高校汲取国际先进的科研方法和手段，及时掌握科研的最新动态和走势，站在世界科技前沿，这对我国高校教师人力资源开发的质量和效率将有很大的提高。

参考文献

[1] 卢光辉, 周福盛. 乡村教师队伍建设政策执行的风险省思与调适进路[J]. 教育理论与实践, 2024, 44（1）: 31-36.

[2] 余本海. 以教育家精神引领教师队伍建设和师范生卓越成长[J]. 河南教育（教师教育）, 2024（1）: 12-13.

[3] 关春霞. 区域推进高质量教师队伍发展的有效路径: 以综合实践活动教师队伍建设为例[J]. 河南教育（教师教育）, 2024（1）: 36-37.

[4] 金劲彪, 孙丽珍. 产教融合背景下产业教师队伍建设的制度保障[J]. 高等工程教育研究, 2024（1）: 42-47.

[5] 姚琳琳. 职业本科院校师资队伍建设的现状及策略: 基于31份质量年报的实证分析[J]. 教育与职业, 2024（1）: 78-85.

[6] 曹大辉. 职业本科院校教师队伍建设的欧洲经验及启示: 以德国、芬兰和瑞士的应用科技大学为例[J]. 教育与职业, 2024（1）: 72-77.

[7] 倪素香, 彭雯诗. 新时代高校师德师风建设的困境与破解[J]. 中南民族大学学报（人文社会科学版）, 2023（12）: 1-9.

[8] 曾绮云, 夏瑾仟. 非遗时尚产业学院高校教师队伍建设研究策略[J]. 西部皮革, 2023, 45（24）: 141-143.

[9] 李素霞, 刘孝林. 加强高校思政课教师队伍建设刍议[J]. 学校党建与思想教育, 2023（24）: 32-35.

［10］葛新斌，莫靖聪.教育家精神是新时代高质量教师队伍建设的首要向度［J］.教学与管理，2024（1）：1-5.

［11］潘纯.基于高校院校"双师型"教师队伍建设的校本企业内扩［J］.长江工程职业技术学院学报，2023，40（4）：34-37+41.

［12］孙嘉瑞.大中小学思政课教师队伍一体化建设研究［J］.哈尔滨学院学报，2023，44（12）：125-128.

［13］陈士勇，王文静.新时代高校思政课教师队伍建设的现实样态与实践进路［J］.郑州铁路职业技术学院学报，2023，35（4）：82-85+93.

［14］李威璎.习近平总书记关于"大先生"论述的思想溯源、重要旨归与实践指向：兼论新时代高素质教师队伍建设［J］.广东第二师范学院学报，2023，43（6）：1-12.

［15］邢翠，王蔚，郭东升.新时代高校加强教师队伍师德师风建设的实践［J］.化学教育（中英文），2023，44（24）：123-129.

［16］姬中英，王亚男，胡惟璇.基于"双库双岗双考核"模式的职业学校兼职教师队伍建设研究［J］.武汉交通职业学院学报，2023，25（4）：80-82+91.

［17］佘蓝天.乡村振兴背景下农村职业院校"新乡贤"教师队伍建设研究［J］.武汉交通职业学院学报，2023，25（4）：68-73.

［18］隋莉莉.应用型本科供应链管理专业"双师型"教师队伍建设探究［J］.物流工程与管理，2023，45（12）：176-178.

［19］刘秋生，宋志良.产业学院建设背景下职业院校"双师型"教师队伍建设研究［J］.汽车维护与修理，2023（24）：56-58+61.

[20]付丹妮.艺术设计专业"双师型"教师队伍建设策略研究:以包装设计课程实践为例[J].绿色包装,2023(12):70-73.

[21]王雨薇.河北省高职院校"双师型"教师队伍建设研究[D].石家庄:河北科技大学,2022.

[22]秦丽华.乡村小学教师队伍建设的问题与对策研究[D].桂林:广西师范大学,2022.

[23]潘欣欣.乡村振兴背景下赤峰市元宝山区乡村教师队伍建设研究[D].呼和浩特:内蒙古师范大学,2022.

[24]高河发.乡村小规模学校教师队伍建设的困境与对策研究[D].桂林:广西师范大学,2022.

[25]齐砚奎.我国民办高校教师队伍建设的问题与对策研究[D].上海:华东师范大学,2022.

[26]孟繁华.坚持把教师队伍建设作为基础工作[M].北京:中国人民大学出版社,2021.

[27]李芩旭.产教融合背景下高校院校"双师型"教师队伍建设的研究[D].金华:浙江师范大学,2021.

[28]孙在丽.新时代我国普通高等学校思想政治理论课教师队伍建设研究[D].中共中央党校,2019.

[29]周利生,向巧玲.高校思想政治理论课教师队伍教学能力建设研究[M].南昌:江西高校出版社,2019.

[30]李雯,王淑娟,李奕.教育国际化视野下学校教学领导的新探索[M].北京:中国人民大学出版社,2016.